20대 청춘,
너에게 전하고 싶은 60가지 이야기

세상 가장 아름답게 빛나는
당신의 20대 청춘을 응원합니다!

강대용 드림

개정판

20대 청춘,
너에게 전하고 싶은
60가지 이야기

delight_bookshelf

목차

프롤로그: 아름답게 빛나는 너, 청춘　　　　　　　　12

제1장: '안 괜찮아도 괜찮아'

01 나 자신이 초라하게 느껴질 때　　　　　　　　　18
02 나를 향한 주변 사람들의 평판과 시선이 짜증 날 때　　20
03 아무에게도 방해받고 싶지 않을 때　　　　　　　　23
04 도전하는 일마다 잇따라 실패할 때　　　　　　　　24
05 계속되는 밀당에 짜증 날 때　　　　　　　　　　33
06 지금 하는 일이 너무 힘들어서 포기하고 싶을 때　　35
07 모든 사람이 미워 보일 때　　　　　　　　　　　38
08 새로운 모임에서 관계가 힘들 때　　　　　　　　　40
09 선 넘는 무례한 사람을 만났을 때　　　　　　　　42
10 정치 이야기가 너무 싫을 때　　　　　　　　　　44

제2장: '앞이 막막해도 걱정마'

11 지금 맡은 일이 너무 중요해서 중압감을 받을 때	48
12 외모, 몸매 관리로 스트레스 받을 때	50
13 행복하고 싶은데, 어떻게 해야 행복한지 모를 때	53
14 초조하고 긴장될 때	54
15 친구가 배신했을 때	56
16 하는 일이 모두 술술 잘 풀릴 때	58
17 자꾸만 말실수를 하게 될 때	62
18 사람들이 나를 우습게 보는 것 같을 때	66
19 목표를 이루지 못하고 자꾸 중도 포기할 때(1)	67
20 왜 책을 읽어야 하는지 모르겠을 때	68

제3장: '실수투성이여도 잘했어'

21 정해놓은 계획과 약속이 부담될 때	72
22 모르는 사람을 만나는 것이 두려울 때	74
23 목표를 이루지 못하고 자꾸 중도 포기할 때(2)	76
24 원하는 것을 얻고 싶을 때	77
25 아무것도 가진 게 없는 내가 속상할 때	79
26 군대에 입대하는 것이 너무 걱정될 때	81
27 어떤 옷을 입어야 할지 모르겠을 때	85
28 나도 모르게 죄를 지었을 때	89
29 나를 좋아해 주는 사람이 생겼을 때	93
30 하루하루 소중하게 살고 싶을 때	95

제4장: '잘 견뎌줘서 고마워'

31 좋은 멘토가 주변에 없을 때 … 100
32 새로운 도전을 앞두고 막막할 때 … 103
33 내 전공과는 다른 일을 하고 싶을 때 … 105
34 남들에 비해 내가 너무 느린 것 같을 때 … 110
35 담배가 피우고 싶을 때 … 113
36 자꾸만 욕을 하게 될 때 … 120
37 내 인생이 너무 심심하게 느껴질 때 … 122
38 하루 종일 아무 일도 안 하고 지나갈 때 … 128
39 자꾸만 시간을 아슬아슬하게 지킬 때 … 130
40 물건을 버리지 못할 때 … 133

제5장: '이제부터 힘내자'

41 스펙이 없어 고민일 때	138
42 선택의 기로에서 결정을 못 할 때	140
43 돈을 빌려주고 못 받았을 때	142
44 내 월급이 너무 적다고 생각될 때	144
45 내 첫인상이 차가워서 고민일 때	146
46 내 인생을 바꾸고 싶은데 어디서부터 바꿔야 할지 모르겠을 때	148
47 결혼을 생각할 때	150
48 아르바이트로 모은 돈을 어디에 써야 가장 좋은지 모르겠을 때	152
49 부모님으로부터 독립하고 싶을 때	154
50 내가 다니는 대학이 마음에 안들 때	156

제6장: '성공을 응원해'

51 모르는 사람과 거래할 때	162
52 결혼식과 장례식 중 어디에 가야 할지 고민일 때	163
53 대학원에 가야 할지 고민일 때	165
54 돈을 어떻게 모아야 할지 모르겠을 때	167
55 인생 첫 차를 사고 싶을 때	171
56 변해버린 내 모습에 당황스러울 때	175
57 꿈이 없어서 걱정일 때	178
58 명품이 사고 싶을 때	180
59 무능력하고 무기력할 때	183
60 서른 즈음 삶을 돌아볼 때	185
60 + 1 영화	188

에필로그: '꿈을 향해 달리는 너, 청춘' 190

프롤로그

/

아름답게 빛나는 너, 청춘

　어느 날 문득, 내가 이제 30대 중반이라는 사실을 깨달았다. 친구와 함께 지난 20대 때의 추억을 떠올리던 참이었다. 엊그제 스무살이 된 것 같은데, 내가 서른하고도 다섯 살이라니 놀랍다. 김광석 아저씨의 명곡 '서른 즈음'은 서른이 되면 더 멋지게 부를 수 있을 것 같았는데, 내 노래 실력은 변한 것이 1도 없고 나이만 서른 즈음을 지나 버렸다.

　다시 되돌릴 수 없는 지난 20대의 추억은 항상 그리우면서도 한편으로는 참 징글징글하다. '그래, 그때 그랬었지', '그렇게 생각했고 말했고 행동했지', '왜 그랬을까' 여전히 생생한 그때의 기억들을 떠올리다가 혼자 머리를 절레절레 흔들기도 하고, 머리카락을 쥐어뜯기도 하며, 실소를 터뜨리기도 한다.

　사람들은 대개 지나간 세월을 아름답게 미화해서 추억한다. 학계에선 이를 '무드셀라 증후군'이라고도 부른다. 그럼에도 불구하고 나는 내 20대 시절이 여전히 달콤한 동시에 씁쓸하다.

'멍청한데 겁은 없고, 용기는 있어서 무모했던 나의 20대'

실패를 두려워하지 않는 열정,
끝없는 도전의 기회와 성취의 기쁨,
모든 것이 새롭고 떨리는 순수함,
첫 만남의 두근거림과 설렘,
쓰디쓴 실연과 실패의 고통까지.

20대 '청춘'을 아름답게 빛나게 하는 이유이자 특권이다. 어설프고 어리석었던 내 20대였지만, 나도 분명 이것들을 온전히 누리며 가슴 뛰는 하루하루를 보냈다. 그 뜨거운 날것의 감정들과 가슴 뛰는 경험들을 마주하다 보니 어느새 30대가 된 나를 발견하게 된 것이다.

내가 20대에 내린 그 모든 결정과 선택들이 차곡차곡 쌓여서 지금의 나를 만들었음은 분명하다. 그렇기 때문에, 어설프고 어리석어도 어느 하나 버릴 것이 없다. 그때 생성한 수많은 흑역사마저도 소중한 순간들이고 귀한 추억이다.

후회는 없다. 아름답게 미화하지도 않는다. 그저 '그 많던 20대의 고민과 걱정, 초조함과 불안함'을 잘 이겨내고 버텨준 지난날의 내게 고마울 뿐이다. 지금 이렇게 건강하게 살아 숨 쉬고 있고, 계속 나아가고 있다는 사실만으로도 충분히 훌륭하다고 스스로를 칭찬한다.

다만 한가지, '내가 30대가 되어서 깨닫게 된 것들을 조금 더 빨리 20대에 알았더라면 얼마나 좋았을까' 하는 아쉬운 마음이 들었다. 20대 시절에 몸 담았던 학교에 남겨진 제자들이 떠올랐다. 이제 막 20대가 된 제자들에게 내가 그때 알았으면 좋았겠다고 생각한 것들을 전해주고 싶었다.

20대에 나는 가본 적 없는 새로운 길 앞에 불안하고 두려웠다. 누군가 내게 귀 기울여 주고 진심이 담긴 조언을 해주길 바랐다. 그래서 나는 그때 내가 알았더라면 좋았을 이야기들을 하나, 둘 적어서 책을 만들자고 결심했다. 내가 했던 고민들을 지금 하고 있는 20대 청춘들이 있을지 모르니까.

이 책을 쓰기 위해 20대에 내가 어떤 문제로 고민했고 힘들어했으며 어떤 공감과 조언을 필요로 했는지 천천히 그리고 오래 스스로를 되돌아봤다. 놀랍게도 위로를 받는 건 오히려 나였다. 더 나아가서는 지금의 나를 다시금 점검하는 기회가 됐다.

제목은 '20대 청춘에게 전하고 싶은 60가지 이야기' 지만, 남녀노소 누구든지 이 책을 읽게 된 당신에게도 조금은 유익하기를 바라본다.

　단 한 사람이라도 이 책을 읽고 지금 마주하고 있는 고민과 걱정, 염려로부터 작은 위안을 받는다면 나는 그것으로 충분하다.

나는 20대를 살아가고 있는 당신이 행복했으면 좋겠다.
조금 더 감사한 마음으로 오늘을 살았으면 좋겠다.

그리고

너무 걱정하지도 혹은 너무 서두르지도 않았으면 좋겠다.
당신은 오늘 가장 아름답게 빛나는 20대 '청춘'이니까.

당신이 그저 밝게 빛나기를 바라며,
다시 오지 않을 당신의 20대 청춘을 열렬히 응원한다.

6호선 화랑대역 카페에서
2022.06.13.

-제1장-

'안 괜찮아도 괜찮아'

01: 나 자신이 초라하게 느껴질 때

우주에 존재하는 모든 만물은
단 하나도 똑같은 것이 없다.
그래서 우리는 모두 의미 있고 가치 있고 아름답다.

집 앞의 나무 한 그루, 꽃 한 송이, 풀 한 포기.
수천만 분의 1의 오차도 허용하지 않는다는
정밀과학 제품조차 결코 동일한 것은
이 세상에 존재하지 않는다.

그래서 우리는 우주를 수놓는 아름다운 별과 같다.

각자 주어진 자리에서 존재만으로도
아름다운 우리는 모두 별이다.

더 중요한 사실은

하늘을 수놓은 모든 별에겐
각자의 고유한 빛이 있다는 것이다.

주어진 빛을 깨달아 알고
인생 가장 찬란한 빛을 밝혀나가는
당신을 응원한다.

그 누구도 당신의 빛을 부정할 수 없고
그 누구도 당신의 빛을 평가할 수 없다.

주어진 빛을 잃지 않고
인생 가장 찬란한 빛을 밝혀나가는
당신을 응원한다.

우리는 모두 별.

나 자신이 초라하게 느껴질 때
밤 하늘의 별을 바라보자.

02: 나를 향한 주변 사람들의
평판과 시선이 짜증 날 때

    나는 학생들의 진로진학을 상담하는 교사로 일했다. 사람들은 모두 가슴 깊이 저마다의 꿈을 품고 있다. 그렇지만 그 꿈을 남들에게 내어놓는 것은 누구에게나 쉬운 일이 아니다. 특별히 학생들은 더 그렇다. 그래서 나는 내게 본인의 꿈을 들려주고 조언을 구하는 학생들이 참 소중했다. 그들과 이야기 나누는 것 자체로 행복했고 보람 있었다.

    한 학생당 50분씩, 한 학기에 4번 상담 시간이 주어진다. 매시간 나는 말하기보다 듣기에 시간을 많이 할애하는데, 학생들과 처음 만나는 첫 시간만은 예외다. 첫 상담에서는 내 이야기를 주로 한다. 학생에게 나를 소개하고 내가 생각하는 진로진학에 대한 가치관을 나눈다. 그때마다 나는 학생들에게 꼭 전달하는 이야기가 있다. 바로 '평판(Reputation)'에 관한 이야기다. 당시 나는 주로 10대 후반의 학생들에게 평판에 대한 이야기를 했는데, 지금 생각해 보면 이 이야기는 20대에게도 해당한다.

'평판'의 사전적 의미는 '나를 향한 사람들의 비평'이다. 비평은 사물의 옳고 그름, 아름다움과 추함 따위를 분석하여 가치를 논하는 일이다. 다시 말해, 평판은 나에 대한 사람들의 평가다.

물론 우리는 모두 각자의 고유한 개성을 가진 인간이므로 남의 평가에 연연하고 필요 이상으로 의식할 필요는 없다. 그러나 동시에 우리는 다른 이와 연대하고 유대를 맺으며 살아가는 사회적 동물이란 사실은 잊지 말아야 한다. 다른 사람들로부터 나에 대한 평가를 듣게 되는 것은 매우 짜증나는 일이지만 동시에 매우 자연스러운 일이라는 것이다.

옛말에 '친구를 알면 그 사람을 알 수 있다'라는 말과 '유유상종'이라는 말이 있다. 이는 오늘날에도 여전히 삶의 진리로 통한다. '나'라는 존재의 개성과 가치관뿐만 아니라, 나와 함께하는 내 주변 사람들의 개성과 가치관을 통해 '나'의 모습이 형성된다는 것이다. 그것이 바로 평판이다.

결국 평판은 사람과 사람 사이의 인간관계에서 비롯되고 그 관계가 나를 완성시킨다. 평판이 나를 완성시키는 것이다. 그래서 누군가에게는 평판이 그의 존재 자체이자 삶의 이유가 되기도 한다. 실제로 우리는 평판으로 먹고 살고 평판에 웃고 우는 세상에 살고 있다.

종종 '선생님, 저는 평판 필요 없는 데요' 또는 '저는 제 맘대로 살 거예요'라고 말하는 학생들이 있다. 안타깝게도 평판은 내가 필요 없다고 생기지 않는 것이 아니다. 사회적 동물인 인간에게 타인과의 교류는 필연적이며, 다른 이들이 말하는 나의 모습 즉 평판 역시 필연적으로 생겨난다.

무작정 눈과 귀를 닫고 살면, 어느 순간 남들이 붙여버린 '꼬리표'가 내 평판이 된다. 진실 되게 살되 내버려 두지는 말자. 우리는 우리 스스로 평판을 가꾸고 키울 수 있다. 분명 20대는 내 평판의 기초를 다지고, 인생의 토대를 다질 수 있는 적기다.

우리는 누군가에게 친절한 사람이면서 동시에 누군가에겐 괴팍한 사람이다. 다양한 페르소나가 우리 안에 있음을 인정하고 내 평판을 개척하자. 나를 향한 주변의 평판과 시선이 짜증난다고 느껴질 때가 바로 내 인생을 더 풍요롭고 가치 있게 만들어갈 수 있는 인생의 황금기다. 더 지혜롭게 내 평판을 선택하고 하루하루 좀 더 멋진 나로 성장 하다보면, 어느새 우리는 꽃길을 걷고 있을 것이다.

03: 아무에게도 방해받고 싶지 않을 때

그래,
그럴 때가 있다

골치 아픈 일과
골치 아픈 사람들

다시 답하고 싶지 않고
다시 실망하고 싶지도 않을 때

아무에게도 방해받고 싶지 않을 때

따뜻한 커피 한 잔
따스한 책 한 잔

숨을 돌리고
다시 제자리로

04: 도전하는 일마다 잇따라 실패할 때

  20대에 난 수없이 실패했다. 수없이 도전했기 때문이다. 지금은 실패했다는 사실보다 도전했다는 사실에 오히려 감사하다. 20대는 도전하기 딱 좋은 때다. 도전하는 일마다 잇따라 실패할 때, 실패마저도 내게 유익이고 언제든 다시 일어날 수 있다.

  실패가 두려워서 '난 안돼. 차라리 노력을 안 하는 게 이기는 거야' 혹은 '포기하면 편해, 그냥 포기하자'라면서 제대로 부딪혀보지도 않고 스스로 단념하는 안타까운 20대들이 있다. 99번 패배했다고 100번째 승리하지 못한다는 법은 없다. 도전하는 일마다 실패할 때, 우리는 '다음 승부'를 준비해야 한다. 20대의 당신에겐 분명 다음 승부가 찾아온다. 그래서 스스로 포기하지 않는 한 승부는 계속되고, 승리할 수 있는 기회도 계속 주어진다. 멋진 '7전 8기', 아니 '99전 100기' 해서 승리하는 주인공이 되어보자.

  만약 당신이 최선을 다했는데도 패배했다면, 상대가 나보다 더 큰 노력을 기울였고 더 절박했음을 인정하면 된다. 나의 부족함을 빨리 인정하고 더 성장해야겠다는 깨달음을 얻는 것이 중요하다. 패배했다고 한들 내가 나의 모든 것을 쏟아 부어 최선을 다했는데, 그 누가 내게 손가락질을 할 수 있나. 졌지만 잘 싸웠다. 토닥토닥.

만약 당신이 지금 도전하는 일마다 잇따라 실패하고 있다면, 당신은 패배해도 승리하는 법을 배워야 한다. 패배해도 승리하는 법, 그건 바로 '끝날 때까지 끝난 게 아니다!'라는 집념이다. 20대의 특권은 실패해도 다시 도전할 수 있는 끝없는 용기와 기회다. 이것은 끝까지 포기하지 않는 '의지와 태도의 문제'이기도 하다.

두 가지 예화가 있다. 첫 번째는 내 아버지가 젊은 시절에 겪은 이야기고, 두 번째는 내가 최근에 직접 겪은 이야기다.
아버지는 대학을 졸업하고 평소에 꼭 취업하고 싶던 회사의 면접시험에 참석하게 됐다. 아버지를 포함해 총 세 명의 지원자가 최종 면접에 올랐다. 긴 면접이 끝나고, 결과는 지원자들이 앉아있는 그 자리에서 통보됐다. 세 사람 중에 단 한 사람만 합격 했는데, 안타깝게도 아버지는 '탈락' 실패였다. 면접 결과를 확인한 아버지와 다른 탈락자 한 명이 짐을 챙겨 면접장을 떠나려는 찰나, 면접관 한 사람이 다가왔다. 그 면접관은 "이번에는 안타깝게 합격하지 못했지만 오늘 정말 수고했네"라며 탈락자들에게 위로의 말을 전했다. 아버지는 그런 면접관에게 오히려 "면접관님도 고생하셨습니다. 오늘 시간 내주셔서 정말 감사합니다"라며 인사했고 "회사를 위해 준비된 인재를 못 알아보신 것이 참 안타깝습니다"라고 너스레까지 떨었다.

그러나 같은 인사를 받은 다른 탈락자는 마음이 많이 불편했나 보다. 자기 생각엔 최종 합격한 지원자가 면접에서 답변을 잘하지도 못했는데, 어떤 점에서 합격을 한 것인지 납득이 어렵다고 했다. 마치 본인은 면접 들러리가 된 것 같다고 불만을 토로한 그는 "여기 아니면 갈 곳이 없는 줄 아느냐"라는 마지막 말과 함께 자리를 박차고 나가버렸다. 두 사람의 탈락자가 각자의 방법으로 면접을 마무리 한 것이다.

몇 주 뒤, 아버지는 한 통의 전화를 받았다. 면접이 끝나고 인사를 건넨 그 면접관이었다. 그는 아버지에게 다짜고짜 다음 주부터 출근할 수 있겠냐고 물었다. 알고 보니 면접에서 최종 합격한 지원자가 갑작스러운 개인 사정으로 퇴사하게 됐다는 것이다. 탈락자는 둘이었지만 면접관은 탈락 후에도 매너 있는 자세와 따뜻한 답변을 잃지 않았던 아버지를 또렷이 기억하고 있었다. 그 결과, 아버지는 실패했지만 성공했다. 꿈에 그리던 회사에 취직했고 성실히 근무했다. 30여 년이 지난 지금도 아버지에게 전화를 걸었던 면접관 선배와 안부를 전하고 계신다.

두 번째 이야기는 내가 직접 겪은 이야기다. 나는 지난여름 이사를 했는데, 처음으로 포장이사 업체의 도움을 받았다. 고객들이 가장 선호한다는 A, B, C 업체 세 곳에 방문견적을 신청했다.

가장 먼저, 30분도 되지 않아 A 업체에서 전화가 왔다. 젠틀하고 나긋나긋한 목소리의 담당자가 내가 편한 시간에 언제든 맞춰서 찾아오겠다 말했다. 평일 저녁시간도 괜찮은지 물어보니 당연하다며, 내가 말한 목요일 저녁 7시에 찾아뵙겠다며 전화를 끊었다.

B 업체도 1시간이 안돼서 연락이 왔다. 호탕하고 유쾌한 목소리의 담당자였는데, 평일은 너무 바쁘고 토요일에 오겠다고 했다. 나는 토요일 오후 2시에 선약이 있어서 늦어도 1시에는 집에서 출발해야 하는데 괜찮겠냐고 다시 물었다. 담당자는 걱정하시지 말라며, 토요일 낮 12시까지 꼭 찾아뵙겠다며 자신 있게 약속하고는 전화를 끊었다.

마지막 C 업체는 1시간이 좀 더 지나서 전화가 왔다. 차분한 목소리의 여자 분이었는데, 평일 말고 주말, 또 토요일 말고 주일만 가능하다고 했다. 나는 적어도 세 개 업체의 견적을 비교한 뒤에 결정하고 싶었고, C 업체는 세 업체 중 가장 마지막으로 주일 저녁에 만나기로 약속하고 전화를 끊었다.

  A 업체 담당자는 약속대로 목요일 저녁 7시, 15분 전에 미리 우리 집 앞에 도착해 내게 전화를 주었다. 업체명이 적힌 깨끗한 조끼를 입은 담당자는 견적 내내 부드럽고 차분한 목소리로 견적 사항을 일일이 체크하며 친절하게 설명을 해주었다. 상담 후에는 이사 전 미리 확인해 봐야 하는 주소 이전이나 관리비 납부 등 놓치기 쉬운 이사 팁을 알려주었다. 프로페셔널한 모습에 큰 신뢰가 되었다.

  C 업체는 약속시간에 조금 늦었다. 그렇지만 주일 저녁에 찾아오겠다는 약속을 지켰고 견적을 잘 봐주었다. A, B 업체보다 5만 원 더 저렴한 가격을 제시하기도 했는데, A 업체보다는 꼼꼼하지 못했고 가지고 온 브로슈어도 무척이나 낡아있었다. 맨발에 구두를 신고 온 담당자는 타이트한 티셔츠 위에 걸친 금목걸이가 상당히 인상적이었다. 고민을 좀 더 해보고 내일 아침에 다시 연락드리겠다고 하니 5G 속도로 굳어지던 얼굴도 잊을 수 없다.

  마지막으로 이 이야기의 주인공인 B 업체가 남았다. 토요일 낮 12시에 오겠다고 약속한 B 업체 담당자로부터 약속시간 30분 전인 토요일 낮 11시 30분에 전화를 받았다.

  "고객님, 제가 지금 가는 길인데요. 비가 와서 길이 좀 막힙니다. 12시가 조금 넘을 것 같은데 괜찮으세요?"

　나는 아침 일찍 일어나 견적만 받고 나면 바로 집을 나설 수 있도록 이미 만반의 준비를 마친 상태였기에 조금 늦어도 문제 될 일은 없었다.
"네네, 괜찮습니다. 저희가 짐도 많이 없고요. 견적을 빨리 내주시면 되니까요. 빗길에 안전하게 조심해서 오세요."

　12시 30분, 걱정되던 차에 담당자로부터 다시 전화가 왔다.
"고객님, 이제 다 왔습니다. 4km 남았는데요. 12시 40분까지는 도착할 수 있을 것 같습니다."

"네네, 그럼 20분 안에 견적 받고 1시에 나가면 되죠. 알겠습니다." 그때까지만 해도 '그래, 어쨌든 도착했으니 다행이네'라고 생각했다.

　12시 43분, 또 다시 전화가 왔다.
"고객님, 여기 아파트 입구가 한 군데가 아닌가요?"
"아뇨, 아파트 입구 한 군데예요. 그런데 선생님, 말씀드렸듯이 제가 선약이 있어서 1시에는 꼭 나가야 합니다. 10분 안에 가능하실까요?"

"아, 네네 금방 올라가겠습니다!"

그는 12시 55분이 넘어도 오지 않았다. 결국 나는 집을 나섰고, 엘리베이터 앞에 섰다. 때마침 1층에서 올라오는 엘리베이터가 느낌이 싸했다. 조금 후 엘리베이터 문이 열렸고 아니나 다를까 B 업체 담당자로 보이는 사람이 눈앞에 나타났다. 나이는 내 또래 되어 보였고 캡 모자에 운동복 차림의 그가 말했다.

"아.. 고객님, 지금 나가시는 거예요? 제가 오늘 아침에 빗길을 열심히 운전해서 서울로 넘어왔는데요.."

"네, 그런데 제가 지금 선약에 늦어서 빨리 나가봐야 해서요."

"....고객님, 그럼 혹시 다른 곳에서도 견적을 받으신 거예요?"
"네네, 받은 곳이 있죠."
잠시 침묵하던 그는 내게 갑자기 이렇게 말했다.
"그럼! 저희는 이번에 깔끔하게 포기하겠습니다! 사장님, 이번에는 다른 데서 하시죠!"

세상 쿨한 미소를 지으며 나를 바라보는 B 업체 담당자였다. 나는 아무 말도 하지 않았다. 1층으로 내려가는 엘리베이터가 그날따라 어찌나 느렸는지 모르겠다. 중간에 다른 층 이웃들이 엘리베이터에 올랐다. 엘리베이터 한 켠으로 밀려난 그가 정적을 뚫고 손에 쥐고 있던 견적 용지를 박박 찢었다. 곧 1층에 도착한 엘리베이터 문이 열렸고 B 업체 담당자는 사람들을 헤집고 휙 제일 앞서서 나가버렸다. 씩씩 거리며 주차장으로 걸어가는 그의 옹졸한 뒷모습을 바라보며 오히려 나는 큰 교훈을 배웠다.

 '아! 이 사람이야말로 스스로 실패를 선택하는 사람이구나. 다음 기회를 도모하기는 커녕 다시는 돌아올 수 없도록 자기 발로 기회를 차버리는 정말 실패한 사람이구나.'

 엘리베이터 문이 열리고 나를 처음 대면한 B 업체 담당자는 내가 유선상으로 몇 번이나 강조했던 '2시 선약'을 기억하지 못했다. 그는 그저 자신이 빗길을 운전하고 왔다는 것만 강조하고, 억울해하고, 심지어 나를 야박한 사람으로 몰았다. 내가 선약에 늦지는 않았는지 걱정은 못해주더라도 '고객님, 제가 늦었습니다. 죄송합니다' 라고 자기의 잘못을 깔끔히 인정하고 진심 어린 사과를 먼저 건넸어야 했다. 더 지혜로운 사람이었다면, '고객님, 정말 죄송합니다. 제가 늦었습니다. 혹시 괜찮으시다면, 편하신 시간에 제가 다시 찾아와서 견적을 드려도 될

까요?'라고 물었을 것이다. 다음 기회를 구하는 것이다. 진실로 그가 내게 그렇게 물었다면, 나는 흔쾌히 그에게 두 번째 기회를 주었을 것이다. 스스로 기회를 만들지는 못할망정 주어진 기회를 스스로 차버리고 뭉개버릴 때, 사실은 그때. 정말 실패하는 것이다.

'실패는 내가 스스로 실패로 끝났다고 믿을 때 실패가 된다.'
 실패해도 다시 도전해서 끝내 이겨내면, 그 실패가 10번이던 100번이던 당신은 승리하는 것이다. 잇따른 실패는 더 이상 실패가 아닌 최후 승리를 위해 꼭 필요했던 연단의 시간이 된다. 실패해도 이기는 비결은 끝까지 포기하지 않는 것이다.

'끝날 때까지 절대 끝난 것이 아니다.'
'포기하면 실패하고, 인내하면 승리한다.'

잇따른 실패에도 좌절하지 않고 쉽게 포기하는 법이 없는 20대 청춘은 실패해도 반드시 승리한다. 악착같은 집념과 끈기, 그리고 늘 한결같은 '일관성(Consistency)' 이야말로 승리하는 사람들이 가진 가장 무서운 무기다. 멋진 20대를 살아가는 당신이 지금 잇따라 패배하고 있다고 해도 끝내 최후 승리를 거두기를 진심으로 응원한다.

05: 계속되는 밀당에 짜증날 때

 20대에게 밀당은 서로에게 어느 정도 호감이 있는 남녀가 연애를 전제로 놓고 벌이는 고도의 심리전일 경우가 크다. 하지만 밀당은 남녀 사이에만 국한되지 않는다. 밀당은 우리 인생 전반에 다양한 모습으로 늘 존재한다. 공부와 휴식에도 밀당이 있고, 사장과 직원 간에도 밀당이 있으며, 부모와 자식 사이, 그리고 오랜 친구 사이에도 밀당이 있다. 그때마다 우리는 끊어지지 않을 정도로 루즈하지만 또 푹 꺼지지 않을 정도로 타이트하게 적당히 밀고 당기는 기술이 필요하다.

 나는 원래 밀당을 싫어했다. 밀고 당기는 것이 질질 끄는 구차한 모습으로 보였고, 심지어는 가식으로 느껴져 진실되지 못하다고 생각했다. 남녀 사이의 심리전에서는 더 했다. 소위 말하는 '간보기'를 하거나 반대로 이에 끌려다닐 마음이 1도 없었다. 나는 솔직하게 내 생각을 말하고 상대의 의견도 빨리 확인하는 것을 선호했다.

지금 돌이켜 생각해 보니, 밀당을 잘하는 사람들이 자기가 원하는 것의 가치와 의미를 더 깊이 생각해 볼 수 있는 것 같다. 원하는 것을 바로 얻은 사람보다, 어느 정도 밀당을 하고 얻은 사람이 더 큰 기쁨과 보람을 느낀다. 밀당은 자기 시간과 노력을 투자하는 일이고 수고를 더하는 일이다. 서로에게 모두 좋은 결과이자 최고의 합의를 이끌기 위한 '밀당'을 즐기기 시작할 때, 인생은 더 풍성해지고 더 깊어져 간다. 그래서 밀당은 나쁘지만은 않다.

나는 배우 히스 레저(Heath Andrew Ledger)가 생전에 했던 인터뷰 한 장면을 기억한다. 이소룡(Bruce Lee)의 책 '쿵푸의 길(The Tao of Gung Fu)'을 읽고 있던 그가 말했다.
"자전거를 탈 때 양쪽 페달을 다 밀기만 한다면, 절대 앞으로 나아갈 수 없어요. 인생이라는 것도 밀고 당기는 기술이 필요한 거죠."

그렇다. 어떤 때는 내 한쪽을 훅 내어주기도 하고, 어떤 때는 다른 한쪽을 훅 당길 줄도 알아야 한다. 더 큰 성장과 성취를 이루고 싶다면 계속되는 밀당에 짜증내기보다 '요고 재미있네?!'라고 생각하자. 여유 있게 밀고 당기며 그 순간을 마음껏 즐길 때, 우리는 성숙한 20대로 성장한다.

06: 지금 하는 일이 너무 힘들어서
　　　포기하고 싶을 때

　20대 때, 지금 하는 일이 견딜 수 없을 만큼 힘이 들 때가 있다. 괜한 고생을 하는 것 같아서 확 때려치우고 포기하고 싶을 때 말이다. 나도 그런 때가 여러 번 있었다. 새벽부터 늦은 밤까지 투잡을 뛸 때, 도서관에서 며칠이고 밤샐 때, 주말 반납하고 열심히 준비한 자료로 상담을 해주었는데 오히려 의심과 불신이 돌아올 때 정말 때려치우고 싶었던 것 같다. 그뿐일까 입학/편입/수료/졸업/취업 등 20대에 마주하게 되는 여러 현실의 문턱은 우리를 때려치우고 포기하고 싶게 만든다.

　지금 그런 때에 있는 20대에게 해주고 싶은 말은 세 가지다. 첫째는 고생도 때가 있다면, 젊었을 때 하는 것이 낫다는 것. 둘째는 나이를 먹으면 먹을수록 더 큰 고생이 찾아온다는 것. 셋째는 그럼에도 불구하고 지금 감당하고 있는 그 일이 내 몸과 마음에 깊은 상처를 내고 있다면 당장 자리를 털고 그 곳에서 떠날 것.

20대가 되어서는 나를 성장시키는 고통과 나를 파괴시키는 고통을 반드시 구분할 줄 알아야 한다.

'신은 감당할 수 있는 만큼의 시련만 준다'는 말이 있다. 나를 힘들게 한 시련들이 사실은 내가 충분히 감당할 수 있는 일이었다는 것이다. 돌아보면 내가 겪은 많은 시련들이 지금의 내게 큰 성취와 기쁨을 가져다줬다. 그래서 세상 모든 일에는 다 때가 있다고 하는 것 같다.

어쩌면 20대 어떤 고생을 하는지에 따라 앞으로 살아가게 될 인생이 결정되는 것일지 모른다. 그것은 갈림길이다. 갈림길을 계속 마주하게 되는 것이 바로 20대 청춘의 특권이다. 고생을 계속 만나는 것이 무슨 특권일까? 성서에서는 나에게 주어진 고생과 시험들이 사실은 '나를 정금으로 연단되게 하는 기회'라고 말한다. 젊은 날의 고생이 분명 성공으로 나를 인도하는 소중한 발판이 된다는 것이다.

20대 시절에 내가 겪는 고생을 인내하고 이겨내면, 그것으로 나는 분명 배움을 얻는다. 그리고 그 경험은 죽는 날까지 그 누구도 내게서 뺏을 수 없는 보물이자 재산이 된다. 청춘의 시절을 담담히 살아내고 자신과의 싸움에서 이겨내면 나만의 보물들이 하나, 둘 쌓이는 것이다. 그렇게 당신은 어느새 멋지게 나이든 자신의 모습을 깨닫게 된다.

   특별히, 지금 하고 있는 일이 너무 힘들지만 당신이 좋아하는 일을 하고 있다면 나는 감히 당신이 세상 가장 행복한 사람이라고 이야기하겠다.

   세상엔 자기가 진정으로 좋아하는 일이 무엇인지 알지 못해서 죽을 때까지 방황하는 사람들이 있다. 또 좋아하는 일을 깨달아도 때를 놓쳐서 슬퍼하는 사람도 많다. 그래서 나는 지금 당신에게 20대 때에 더 열정적으로 고생문을 두드리고 때로는 사서 고생도 하며 더 세게 부딪히라는 것이다. 멋진 고생을 한 20대가, 더 성숙하고 더 행복한 어른이 된다.

   오늘 지치거나, 열이 받아서, 혹은 빈정 상했다고 포기하지 말자. 스스로 자신을 지키되, 20대가 가진 젊음의 특권과 무기들을 모두 활용해서 멋지게 이겨내고 버텨내자!

> '반복되는 일상에 지치지 않는 자가 성취한다'
> – 드라마 〈미생〉 中 –

07: 모든 사람이 미워 보일 때

20대에는 갑자기 주변 모든 사람이 꼴 보기 싫고 미워 보일 때가 있다. 이는 무척이나 정상적인 현상이다. 사실 20대뿐만 아니라 모든 사람이 그런 시기를 계속 겪는다. 그 이유는 사람의 마음이 바람에 흔들리는 갈대와 같이 가볍고 간사하기 때문이다. 세상 가장 사랑하는 사람, 소중한 사람, 둘도 없는 친구가 한순간에 세상 가장 혐오하는 증오의 대상이 되고는 한다. 더 웃긴 건, 누군가가 미워지면 그 사람의 숨 쉬는 소리, 밥 먹는 소리, 심지어 발걸음 소리마저 짜증 나게 된다.

'님이라는 글자에 점 하나 찍으면 남이 된다'

20대에는 그 어느 때보다 자기가 인생의 주인공이고 세상의 중심이자 정답이라고 생각한다. 그래서 더 쉽게 '님'을 '남'으로 만들어 보내버리기도 하고 남을 판단하고 정죄한다. 모든 사람이 미워 보일 때, 내 주변 사람이 갑자기 밉거나 반대로 너무 좋은 것도 같은 맥락이다.

'Beauty is in the eye of the beholder.'
'아름다움은 이를 담아내는 이의 눈에 있다.'

 어느 순간 내 주변의 모든 사람이 미워 보인다면 잠시 멈춰 서자. '나는 왜 무슨 이유로 그들을 미워하는 것일까?' 나의 눈, 시각, 관점을 돌아보자. 내겐 너무 미운 그 사람도 누군가에게는 한없이 소중하고 아름다운 존재다.

 모든 사람이 미워 보일 때가 찾아온다면, 먼저 나의 마음을 살펴보자. 가득했던 미움이 어디에서 오는지 살피고, 시간에 맡겨 흘려보내자. 다시 사랑으로 돌아서는 열쇠(Key) 역시 우리 마음속에 있다. 도저히 이해할 수 없는 그 사람들이 사실은 지금 내가 알지 못하는 일로 아니 헤아릴 수도 없는 곤란한 상황과 큰 슬픔과 역경에 처해 있을지도 모르는 일이다.

 사랑은 오래 참고, 사랑은 온유하다.
 사랑은 시기하지 않으며, 사랑은 교만하지 않다.

 누군가를 미워하는데 열중하기 보다, 내가 사랑하는 일과 사람들에게 더 집중하는 행복한 20대 청춘의 시간을 보내길 진심으로 응원한다.

08: 새로운 모임에서 관계가 힘들 때

20대가 되면 새로운 조직에 소속되고 다양한 모임에 참석할 기회가 찾아온다. 항상 즐겁고 유익한 모임과 조직만이 있을 수는 없다. 오히려 새로운 곳에서 알게 된 사람으로 인해 큰 스트레스를 받기도 한다.

어떤 모임에서의 관계로 힘이 들 때는 하루빨리 그 모임과 조직, 그 사람들과의 관계에서 빠져나오는 것이 현명하다. 그 어떤 도움이나 혜택도 나를 희생시키면서까지 얻을 필요는 없다. 아무리 대단하고 위상이 높은 조직이라고 한들 당신의 몸과 마음, 정신과 영혼을 병들게 하는 모임은 아무런 가치가 없다.

관계를 끊어냄으로 야기되는 불편함이나 어색함이 걱정될 수도 있다. 1도 걱정하지 말자. 지금 당장은 난리를 쳐도, 금방 잊혀지고 또 새로운 사람과 이야기들이 그 자리를 채울 것이다.

관계의 매듭을 너무 쉽게 끊는 것이 아닌가라는 생각이 든다면, 잠시 잠수를 타는 것도 하나의 좋은 방법이다. 잠수를 타면서 나를 힘들게 하는 그 모임이 내게 주는 의미를 다시 한 번 진지하게 생각해 보는 시간을 갖자. 혼자서는 도저히 판단이 서지 않는다면, 모임과 관계없는 제3자에게 객관적인 의견을 구해보자.

사랑하는 사람들과 시간을 보내기도 아까운 시간이 20대다. 소중한 청춘을 내 인생에 잠시 스쳐 지나쳐가는 의미 없는 사람들과 모임에 허비하지 말자. 훗날 다시 돌아보면 그렇게 하길 잘했다고 생각할 거다.

내가 소중하게 생각하는 사람들과 나를 소중하게 생각하는 사람들은 만나면 만날수록 더 자주 만나고 싶고 헤어지기 아쉽다. 새로운 모임이 내게 좋은 영향을 주는 사람들인지, 또 좋은 발전과 배움이 있는 모임인지 처음부터 잘 살피자.

새로운 모임과 조직 그리고 사람을 잘 살필 줄도 알고 필요할 때는 잘 끊을 줄도 아는 것이 20대 청춘이 꼭 배워야 하는 인생의 숙제다. 이를 잘하는 사람들은 큰 축복을 받은 것과 다름없다.

09: 선 넘는 무례한 사람을 만났을 때

앞서 말한 것처럼, 20대가 되면 내가 속한 사회의 영역이 무척 넓어지게 된다. 10대 때는 볼 수도 없고 알지도 못했던 다양한 부류의 '인간'들과 개성 넘치는 '휴먼'들을 만나게 된다. 선을 넘는 무례한 '뮤턴트(Mutant)'도 당연히 만나게 된다. 나는 다른 사람에 대한 배려와 공감 능력이 현저히 떨어지는 그들을 돌연변이 '뮤턴트'라고 부른다. 뮤턴트는 생각보다 보기 힘들지만, 재수가 좋으면(?) 분명 만나게 된다.

선을 넘는 무례한 뮤터튼를 만났을 때 두 가지만 기억하자.
첫째, '그들의 언행을 사적으로 받아들이지 말아라.' 선을 넘는 무례한 뮤턴트는 지금 자기가 선을 넘었는지 무례한 언행을 한 것조차 모르는 경우도 많다. 그래서 가장 먼저는 그냥 '나와는 결이 다른 돌연변이구나. 내게만 이런 것이 아니다. 살아온 환경과 삶의 상식선이 다른 뮤턴트는 이렇게 사는구나'하고 지나쳐 버리자.
둘째, '너 지금 그 언행은 선을 넘었고 매우 무례한 일이다' 라고 단호하게 이야기하는 것이다. 가장 중요한 것은 타이밍을 놓치지 않는 것이다. 뮤턴트가 지속적으로 선을 넘는 무례한 언행을 반복한다면 반드시 취해야 하는 대처방안이다. 현행범을 소탕해야 법적 효력을 얻는 것처럼 뮤턴트가 선을 넘는 무례한 언행을 저지른 그 순간을 포착해서 그 자리에서 공론화해야 한다. 그래야 뮤턴트가 말을 알아들을 확률이 있고 주변 목격자들의 지지도 받을 수 있다.

 뮤턴트에게 소리를 높일 필요도 없고 육두문자를 섞거나 몸의 대화를 나눌 필요도 없다. 오히려 진지하고 진중하게 뮤턴트의 언행을 짚는 것이 중요하다. 혹여나 웃으면서 말하는 것은 상황을 악화시킬 수 있으니 금물이다! 뮤턴트의 반복된 무례를 지적하지 않으면, 나중에는 더 큰 무례로 돌아올 수 있다.

 종종 잘못을 인정하고 다시는 선을 넘지 않는 뮤턴트의 가면을 쓴 휴먼들도 있다. 되려 성을 내는 뮤턴트가 있다면 긍휼이 여기고 상종하지 말자. 아예 입을 닫고 그 자리를 벗어나라. 안타깝지만 더 이상 상종하면 나도 뮤턴트로 오해를 받는 불상사가 생길 수도 있다. 안타깝게도 세계 어디를 가나 '돌아이 질량 보존의 법칙' 아니 '뮤턴트 질량보존의 법칙'은 불변하다. 항상 조심하자.

10: 정치 이야기가 너무 싫을 때

　20대가 되면 정치에 관한 이야기를 더 자주 더 자유롭게 하게 된다. 관련 수업을 듣기도 하고 다양한 사회 문제에 따른 활동에 참여하기도 한다. 책임 있는 사회 구성원이자 투표권을 행사하는 유권자로서 정치에 관심을 가지게 되는 것은 올바르고 지극히 자연스러운 일이다.

　정치 성향이 다른 두 사람이 이야기를 무턱대고 하면 양쪽이 각자의 의견만 관철시키려고만 하다가 감정만 상하고는 한다. 그래서 정치에 관심도 없고 별로 말하도 싶지도 않은 20대가 많다. '정치인은 다 그놈이 그놈이고 맨날 싸우기만 하지. 나는 관심 없어. 나 한 사람쯤이야 뭐, 나서봤자 골치만 아프지. 정치 이야기는 좀 특이한 애들이 좋아하는 거야.' 그의 말이 전부 틀렸다고 할 수 없다. 그럼에도 나는 20대가 그 어느 세대보다 정치에 관심을 가져야 한다고 말한다. 많이 듣고 찾아보고 토론해야 한다. 무엇이 옳고 그른 것인지 스스로 판단해야 한다.

　우리 사회를 실제로 변화시키는 것은 법안을 상정하는 정치인들이기 때문이다. 더 나아가 권력을 잡은 그들이 어떤 사상과 관점으로 나라를 이끌어가는지에 따라 대한민국의 미래가 결정되고 새로운 역사가 쓰여진다. 그래서 정치 이야기는 정말 중요하다. 그들에게 막대한 권한을 주는 것이 바로 국민이고 유권자다. 나의 권리를 지키기 위해 20대가 더 열심히 정치 이야기를 나눠야 한다. 피할 이유가 없다.

  다만, 건강한 정치 이야기를 위해서 지켜야 할 사항들이 있다. 첫째, '편향되지 않을 것'. 둘째, '카더라 소문이 아닌 팩트로 이야기할 것'. 셋째, '감정이 아닌 이성으로 접근할 것.' 정치에 대한 견해는 스스로 만들어가는 것이지 누군가의 강요로 억압으로 결정되어서는 안된다. 정치 이야기도 결국은 내가 가진 정상의 범주를 이야기하고 다른 이의 생각을 들어보는 것이다. 위 세가지 사항만 지켜도 우리는 깨어있을 수 있다.

  다짜고짜 '보수냐 진보냐 선택해'가 아니라 서로의 의견을 경청하고, 스스로 입장을 정리하는 것이다. 줏대 없이 정치 이야기를 피하기만 하면 눈뜬 장님이자 권력을 남용하는 뱀 같은 이들의 순진한 먹잇감이 된다. 최소한 내가 살고 있는 지역 후보들의 공약을 확인하자. 공보물에 찍힌 사진이나 문구만 보고 내 소중한 한 표를 던지지 말자. 실제로 후보들이 나오는 TV토론회를 한 번만 봐도 온라인 자료나 사진으로만 보는 것보다 더 많은 정보를 알 수 있다. 관심을 가지고 많이 찾아봐야 한다. 20대 청춘이라면, 정치 얘기를 하자. 지혜롭게!

-제2장-

'앞이 막막해도 걱정마'

11: 지금 맡은 일이 너무 중요해서
    중압감을 받을 때

  나의 20대를 돌아보면, 내게 맡겨진 일을 정말 잘해보려고 하다가 지나친 강박과 욕심을 부린 적이 많았다. 필요 이상으로 연연하니까 일희일비한 적도 많다. 모든 것이 처음이어서 맡은 일 하나하나가 중요하고, 세상의 전부라고까지 생각이 들 수 있다. 그것은 큰 중압감과 스트레스가 되어 스스로에게 돌아온다.

  맡은 일에 최선을 다하고, 목표를 이루고자 노력하는 20대의 모습은 정말 아름답고 멋지다. 그렇지만 그 한 번의 결과로 인해 내 인생이 판가름 난다고 생각하면 오산이다. 감당할 수 없는 중압감과 스트레스로 자기 자신을 몰아가는 어리석은 일은 절대 없어야 한다. 그럴 때는 잠시 한 걸음 물러나서 생각해 보자,

  '아니, 대체 그 일이 뭐 그리 중요한 거야?'
  중요한 일을 맡았다는 것은 그만큼 인정 받은 것이므로 칭찬

받을 일이다. 그러나 좀 더 생각해보면, 지금 당신이 세상에서 가장 중요하다고 생각하는 그 일. 온 마음과 정성을 다해 매달리고 있는 그 일이 사실은 정말 아무 일이 아닌 경우가 태반이다. 심지어 그 일에 대해 관심 있는 사람이 아무도 없는 경우도 많다.

당신이 맡은 일을 목표한 대로 멋지게 성공하거나 혹은 완벽히 실패한다고 해도 세상은 별 관심이 없다. 20대의 때에 맡게 된 어떠한 일로 인해 지구가 갑자기 멸망한다거나 천지가 개벽하게 될 수 있는 사람이 몇이나 있을까.

지금 맡은 일이 너무 중요해서 너무 큰 스트레스를 받을 때는 조용히 스스로에게 자문해 보자. '야, 너 뭐 돼? 뭐가 그리 중요한 일이라고 네 목숨이 달린 것처럼 호들갑을 떠는 거야? 진정해, 릴랙스!' 부담을 좀 내려놓자.

'괜찮아, 잘하고 있어. 최선을 다하면 되는거야!'

결국 내가 하고 싶은 말은 그 어떤 일도 당신 자신을 지키는 일보다 중요한 일은 없다는 거다. '나를 지키는 것' 사실은 그것보다 더 중요하고 더 시급한 삶의 우선순위는 정말 없다.

12: 외모, 몸매 관리로 스트레스 받을 때

20대 시절에는 외모에 대한 고민과 노력이 최고조에 달한다. 잘 보이고 싶은 사람도 많고 뭘 해도 예쁠 때니까. 동시에 필요 이상의 걱정과 고민을 해서 감당할 수 없는 스트레스를 받는 때도 20대다. 종종 그 스트레스가 쌓이고 쌓이다가 극에 달해 극단적인 선택을 했다는 안타까운 소식을 듣는다.

'아, 살 빼야 하는데, 살이 좀 쪘으면 좋겠는데'
'헬스 해야 하는데, 필라테스 해야 하는데'
'내 코가 조금만 더 높으면 예쁠 것 같은데'

물론 외모, 몸매 관리에 적당한 신경을 쓰는 것은 건강을 위해서 좋은 일이다. 긍정적인 마인드 그리고 자신감 있는 삶의 태도를 가꾸는 일이기도 하다. 그러나 잊지 말아야 할 것은 외모와 몸매는 결국 육체란 사실이다. 육체는 영원하지 않다.

나의 몸은 나의 영혼이 잠시 머무는 집이다.

성서에서는 몸은 영혼을 담는 그릇이라고 정의한다. 육신은 영혼이 떠나면 그 가치를 잃는다. 21g의 영혼이 떠나면 결국 썩어지고 흩어져 다시 땅으로 돌아가는 것이 우리 몸이다.

인간의 몸은 아무것도 아니다. 비누 일곱 장을 만들 수 있는 정도의 지방과, 중간 크기 못하나를 만들 수 있는 철, 찻잔 일곱 잔을 채울 만한 설탕, 닭장 하나를 칠할 만한 석회, 성냥 머리 2,200개 정도를 만들만한 인, 약간의 소금을 만들 만한 마그네슘, 장난감 크레인 하나를 폭파할 만한 칼륨, 그리고 개 한 마리에 숨어 있는 벼룩을 박멸할 수 있는 정도의 유황에 불과하다.

그래서 우리는 20대 시절에 외모를 관리하는 것도 중요하지만, 사실은 그보다 더 큰 관심과 노력으로 내 마음을 관리해야 한다. 인간의 나이 듦에 노화와 죽음은 피할 수 없는 숙명이자 모두에게 공평한 절차다. 따라서 우리는 육신의 아름다움보다 영혼의 아름다움, 건강한 사상, 평안한 영혼을 가꾸는 것을 더 중요하게 생각해야 한다.

완벽한 외모와 몸매, 거기다가 심지어 재력과 학력, 또 특출난 능력까지 갖춘 사람이 있다고 해도 그의 영혼이 깨끗하지 못하다면 다 부질없다. 그는 결코 선하고 중한 일, 또 위대한 일에 쓰임 받지 못한다. 오히려 그의 완벽한 외모와 몸매, 재력과 학력 그리고 능력이 세상에 큰 재앙이 될지 모른다. 아무리 감춘다고 해도 영혼의 실체는 반드시 드러나기 마련이다.

세상엔 다양한 그릇이 있다. 금 그릇과 은 그릇, 나무 그릇과 질 그릇, 플라스틱 그릇과 유리 그릇도 있다. 각양각색의 그릇들은 귀하게 쓰이기도 하고 천하게 쓰이기도 하는데, 그 생김새나 원재료 때문에 차별받지 않는다. 중요한 것은 그 그릇의 '속이 깨끗한가'이다. 속안이 깨끗한 그릇은 귀하게 사용되지만, 속안이 더러운 그릇은 사용되지 못한 채 버려질 뿐이다.

지금 당신이 외모 혹은 몸매 관리 때문에 큰 스트레스를 받고 있다면, 겉모습이 아닌 내면의 아름다움을 발견하고 성장시키는 기회로 삼자.

당신을 정말로 사랑하는 사람은 겉모습에 취하지 않는다.
이는 20대에 깨닫게 되는 소중한 터닝포인트다.

13: 행복하고 싶은데,
어떻게해야 행복한지 모를 때

행복은 순간이다.
행복은 어떻게 해서 행복한 것이 아니라
소중한 행복의 순간을 발견하는 것이다.

행복하고 싶다면 우리는 순간에 집중하고
순간에 정성을 다하는 법을 먼저 배워야 한다.

행복의 순간을 느끼려면
일상에서 스치듯 지나가는 1분 1초를 느껴야 한다.

1초 1분의 소중함과 귀함을 모른다면
행복을 느끼고 발견하기는 그만큼 힘들다.

바쁜 일상 속에서도 소중한 순간을 누리는 사람
진정한 행복을 발견할 줄 아는 지혜를 깨닫는
당신의 20대를 열렬히 응원한다.

14: 초조하고 긴장될 때

　20대는 중요한 일을 앞두고 그 초조함과 긴장감이 극도에 달할 때가 있다. '맡겨진 일 때문에 받는 스트레스'에 대한 앞선 주제에서 나는 '세상에 뭐 그리 대단한 일이 있느냐'라고 걱정 말라고 했다. 그러나 지금 당장 그 상황에 놓인 당사자는 그 일이 너무 중요해서 마음을 진정시키고 다잡으려고 해도 끊이지 않는 긴장감과 초조함으로 힘들 수 있다.

　그럴 때는 자기암시를 해보자. '괜찮아, 잘하고 있어. 잘 해낼 거야' 지금 이 순간도 결국 내 인생 그래프 위에 보일까 말까 하는 아주 작은 점에 불과하다고 마음을 진정시키자. 나를 초조하고 긴장하게 만드는 그 일은 사실 잘 안돼도 별일 없고 잘 돼도 별일 없는 정말 별일 아닌 경우가 많다. 실패해도 분명 기회는 다시 온다. 다시 찾아온 기회가 오히려 더 좋은 기회일 수 있다. 그러니까 지금은 '될 대로 돼라'는 자세를 갖는 것이 좋다.

　프레젠테이션이나 발표를 잘 할 수 있도록 가르치는 전문가들의 이야기를 들어보면 긴장하지 않는 공통된 비결이 있다.

'마치 이 일을 이미 백 번은 해봤던 사람처럼 자신 있게! 편안한 마음으로 자연스럽고 유쾌하게 이끌어라.'

 초조하고 긴장될수록 더 자신 있게 그리고 더 편안하게 말하고 행동하는 '척' 하라는 것이다. 척하다보면 어느순간 실제로 그렇게 변한 나를 발견한다. 오히려 완벽을 기할수록, 초조함과 긴장감은 상승하고 내 경직된 기운과 흥분된 바이브가 듣는 이들에게 고스란히 전달된다. 이는 곧 부담으로 작용하고 그들은 내 발표를 듣고 싶어하지 않는다. 결국 관심을 잃은 청중을 발견한 나 '발표자'는 목소리가 점점 더 움츠러들고 주눅 든다.

 너무 잘하려는 강박감은 눈과 귀를 가리고 발표는 자꾸 꼬이고 꼬여 산으로 가는 것이다. 오히려 '그래, 될 대로 돼라, 나는 지금 완전 자신 있다!' '내 목소리에 귀 기울여주는 한 사람, 너에게 집중한다' 라는 마음으로 준비한 발표를 차분히 그리고 명확하게 이어가는 것이 더 지혜롭다.

 무엇이든 즐기는 사람을 이길 수 없다. 초조함과 긴장감도 결국엔 내게 소중한 경험이 되니, 즐겁지 않을 이유가 없다. 피할 수 없다면 즐기자. 모든 경험이 내게 좋은 약이 되어 훗날 더 큰 성취와 승리로 이끌어 주는 발판이 될 것이다.

15: 친구가 배신했을 때

 뭐 그럴 수 있다. 너무 슬퍼하지 말자. 나에 대한 그의 존중과 배려가 거기까지였던 것이다. 더 이상 그를 친구 라고 부르거나 연락할 필요도 없다. 친구만 그럴까? 애인도 배신하고 스승도 배신하고 동업자도 배신하고 심지어는 가족도 배신을 한다. 우리는 서로를 배신하기엔, '세상에 믿을 놈 하나 없다' 라는 말이 있다.

 '왜 그런 걸까? 왜 서로를 배신하게 되는 걸까?'

 우리는 모두 인간이기 때문이다. 인간은 변하지 않는 존재가 아니다. 그저 살아가는 존재일 뿐이다. 고로 완벽한 인간, 믿을 수 있는 인간, 죄 없는 인간은 아주 없다. 또 모든 인간은 남이 헤아릴 수 없는 각자의 말 못 할 사연과 아픔을 안고 살아간다. 그래서 우리는 왜 그가 나를 배신했는지, 왜 그런 선택을 했는지 알 수도 없고 이해할 필요도 없다. 그저 말 못할 사연이 있겠지 생각하고 빨리 넘겨버리는 것이 좋다.

돌아보면 나 역시도 말 못할 사정으로 다른 사람들에게 배신의 아픔을 주기도 하고, 때로는 정말 악의 없이 뱉은 한마디 말로 누군가에게는 평생 치유되지 않는 깊은 배신의 상처를 남기기도 한다.

　결국 사람을 너무 의지하거나 너무 많은 것을 기대하면, 그 끝은 반드시 실망으로 점철되는 것이 인생이다.

　자- 친구가 배신했을 때! 친구에게 배신당했다면 어떻게 할까? 그럴땐 의연하고 명확하게 그와의 관계를 정리하자. 만약 그럼에도 불구하고 여전히 그를 친구라고 생각하고 용서한다면 침묵하고 기다려 보자. 나는 배신당했다고 생각하지만, 배신한 친구는 자기가 어떤 부분에서 배신을 한 건지 왜 자신을 배신자라고 생각하는지 이해를 못 하는 경우도 다반사다. 아무 말도 하지 말고 침묵하다가 때가 이르면 솔직한 마음을 전해보자.

　인생은 길고 사람은 많고 배신은 빈번하다. 친구에게 잘잘못을 따질 필요도 없다. 가장 소중한 나를 먼저 지키고 나 자신에게만 집중하자. 그가 없어도 내가 사랑하는 사람들, 나를 사랑해 주는 사람들이 있다. 그들과의 행복에 집중하기에도 20대 청춘은 항상 부족하다.

16: 하는 일이 모두 술술 잘 풀릴 때

 전 세계 사람들이 가장 좋아하고 인용하기 좋아하는 유명한 명언 중에는 '이 또한 지나가리라' 라는 말이 있다. 예상하지 못했던 큰 고난과 역경, 혹은 어떤 어려움 가운데 놓였을 때, 사람들은 이것도 곧 지나갈 것이라는 이 글을 되뇌고 마음에 새기며 심지어는 몸에 새기기도 한다.

 나는 새빨갛고 커다란 글씨로 새겨진 이 문구를 육군훈련소에서 본 적이 있다. '피할 수 없다면 즐겨라, 이 또한 지나가리라' 막 군 생활을 시작한 대부분의 훈련병들에게 참 얄밉고 고약한 문구가 아닐 수 없다. 그러나 실제로 그 글을 읽고 군 생활에 큰 힘을 얻는다.

 성서가 어원인 이 명언은 사실 많은 사람들이 알고 있는 뜻과는 다른 뜻을 갖고 있다. 이 말은 성경 속 위대한 영웅이자 이스라엘의 왕이었던 다윗이 한 말로 알려져 있는데, 성경이 친근한 크리스천들도 그 정확한 뜻을 모르는 경우가 대부분이다.

다윗은 성경의 한 챕터인 시편(Psalm)에 상세히 기록되어 있다. 그는 갖은 시련과 절체절명의 위기에 맞서 위대한 승리를 거둔 영웅이다. 그래서 많은 사람들은 '이 또한 지나가리라'라는 말이 내게 닥친 고난과 역경도 결국엔 지나갈 것이라 믿고 끝내 이겨낸 영웅 다윗의 말이라고 생각한다. 그래서 예상치 못한 시험을 맞았을 때 이 명언을 담대하게 선포하거나 겸허히 읊조리며 각오를 다진다.

그러나 다윗 왕은 시련에 처했을 때 이 말을 하지 않았다. 그는 반대로 자기 인생에서 가장 빛나고 아름다운 시기, 하는 일이 모두 술술 잘 풀릴 때 이 말을 고백했다.

최강의 권력과 빛나는 명예, 온 땅에 비길 자 없는 부귀영화를 누리던 시절을 맞은 다윗 왕은 세공 기술자를 불렀다. '날 위하여 아름다운 반지를 만들되, 거기에는 내가 전쟁에서 큰 승리를 거두어 환호할 때 교만하지 않게 하고, 내가 큰 절망에 빠져 낙심할 때 결코 좌절하지 않고 스스로에게 용기와 희망을 줄 수 있는 글귀를 새겨 넣으라' 고 지시한 것이다. 세공 기술자는 아름다운 반지를 만들었지만, 도저히 반지에 새길 글귀를 떠올리지 못했다. 그래서 고민 끝에 지혜롭기로 소문난 다윗 왕의 아들 솔로몬 왕자를 찾아가 글귀를 부탁했다.

'This, Too, Shall Pass Away'
'이 또한 지나가리라'

이는 아버지 다윗 왕을 위한 아들 솔로몬 왕자의 애정과 지혜가 담긴 구절이다. 오늘의 부귀와 영화도 언젠가는 지나가게 될 것이다. 교만하지 않고 절망과 낙심 가운데에도 항상 용기와 희망을 바라는 다윗 왕의 교훈과 철학이 담긴 명언이다. 다윗 왕은 아들이 지어준 문구를 사랑했고 세상에 널리 알렸다.

훗날 솔로몬 왕자는 아버지가 이룬 부귀와 영화, 존경과 위엄을 뛰어넘었다. 그의 궁전은 금과 은, 남녀 가수들, 이국적인 새들과 동물 그리고 보물들로 가득 차고, 끝없이 펼쳐진 포도원과 과수원, 아름다운 정원과 공원을 가졌다. 그러나 그는 그것들이 결코 그의 영혼에 만족감을 가져다주지 못한다고 고백하며 아래 문구를 남겼다.

'Vanitas Vanitatum Omnia Vanitas'
'헛되고 헛되니 모든 것이 헛되도다'

세상 가장 지혜롭다 칭송받은 역사 속 현인이 우리에게 남긴 지혜의 정수다. 이 문구는 그가 남긴 책 '전도서'에 나와있는

데 원문은 아래(의역)와 같다.

 '다윗의 아들 예루살렘 왕 전도자 솔로몬의 말씀이라
 헛되고 헛되며 헛되고 헛되니 모든것이 헛되도다
 사람이 해 아래서 수고하는 모든 수고가 무엇이 유익한가
 한 세대가 가면 다른 한 세대가 온다'

지금 내가 하는 일이 모두 잘 풀릴 때, 우리는 이 두 가지 명언을 생각해 보면 좋겠다. 좋은 날이 있으면 나쁜 날도 있다는 것과 눈에 보이고 손에 잡히는 것들이 다가 아니라는 것이다. 교만은 패망의 선봉이다. 지금 술술 잘 풀린다고 겸손치 못하면 그 유아독존한 태도와 사고방식이 나를 눈뜬 장님으로 만든다. 그럴 때일수록 몸을 낮추고 마음을 다잡고 다시 묵묵히 정진해 나가야 한다. 환호할 때 교만하지 않고, 큰 절망에 빠져 낙심할 때 결코 좌절하지 않으며, 스스로에게 항상 용기와 희망을 주면서 말이다.

20대의 멋진 성취들과 성공이 영원할 수 없는 것은 청춘이 영원하지 않는 것과 같다. 곧 서른이고 마흔이고 쉰이다.

 '20대 청춘, 이 또한 지나간다. So keep calm and carry on.'

17: 자꾸만 말실수를 하게 될 때

 어려서부터 나는 하고 싶은 말은 꼭 해야 직성이 풀렸다. 그러나 나이가 들면서 말을 많이 하면 실수가 생기고 필요 없는 사족을 달면 오해를 받는다는 것을 깨달았다. 특별히 20대가 되어서는 내가 무심코 던진 한마디가 누군가에게는 평생의 상처가 될 수 있다는 사실을 깨닫고 정말 많이 회개했다.

 20살을 목전에 둔 고3 시절에 인생 가장 많은 욕을 했다. 친구들과 한창 욕을 주고받았고 그로 인해 스트레스가 풀린다고 생각한 것 같다. 그러다 보니 주변 사람들에게 수없는 상처를 주기도 했다.

 20대가 되고 교회를 찾은 나의 기도는 매번 '회개 기도'였다. 혀로 지은 죄와 상처를 용서해달라고 매일 기도했다. 대학을 졸업하고 학생들을 가르칠 때, 욕을 섞지 않으면 문장을 완성하지 못하는 제자들을 봐도 남의 얘기같이 않았다. 한편으로는 그들의 모습을 이해하면서도 내 일처럼 혼을 냈다.

욕을 입에 달고 살던 내가 20대의 어느날 회개를 하고 다시는 욕을 안하기로 결심했다. 상스럽고 폭력적인 사람이 되고 싶지 않았다. 그렇게 시간이 조금 흐르자, 실수로라도 욕을 하게되면 욕을 한 내 자신이 너무 어색하고 창피해지기 시작했다. 그 후엔 남이 하는 욕도 듣기가 거북해서 욕하는 사람과 어울리지 않고 욕이 있는 자리를 피하게 됐다.

  결국 욕이나 말실수도 습관이다. 자꾸만 반복되는 말실수를 하게 될 때는 한마디를 하더라도 한 번 더 생각해 보고 말하는 습관을 들여야 할 때다.

  말하기보다 중요한 것이 듣기다. 우리는 말을 잘하는 사람이 인기 있고 설득력 있다고 생각하지만, 그 반대다. 듣기를 잘하는 사람이 모두에게 사랑받는다. 실제로 인간은 눈도 둘, 귀도 둘인데, 입은 하나이다. 두 번 보고 두 번 듣고 한 번 말하라는 신의 뜻이다. 사람들은 자기 이야기를 하는 것을 좋아한다. 남의 이야기에는 관심이 없고 내 말만 하려고 한다. 그래서 사실 말을 잘하는 사람보다 말을 잘 듣는 사람이 더 지혜로운 사람이고 더 위대한 사람이다.

  사람이 남의 말을 들을 때 귀로만 듣는다고 생각하면 오산이다. 남의 말을 제대로 듣기 위해서는 귀뿐만이 아니라 온 정신을 집중해야 들을 수 있다. 경청은 몸과 마음, 정신을 다해야 한다. 잘 들으면 말실수가 준다.

특별히 말실수는 친하면 친할수록 편한 사람에게 더 심한 실수를 하게 되는 경향이 있다. 친한 사람에게 받은 상처가 더 깊이 더 오래가는 것을 알면서도 어리석은 짓을 반복한다. 한 번 내뱉으면 되돌릴 수 없는 것이 말이다. 아무 의미 없이 뱉은 말도 그 상황과 뉘앙스, 듣는 이의 감정이나 처한 상황에 따라 큰 오해와 화를 부를 수 있다. 다시 말하지만, 자꾸만 말실수를 하게 될 때는 말을 내뱉기 전에 머릿속으로 한 번 더 자기검열을 해라.

말실수를 고치려면 스스로 항상 인식하고 줄이려는 부단한 노력을 해야 한다. 마지막으로 내가 20대 때부터 말실수를 줄이고 말로 남에게 상처를 주지 않기 위해 스스로 지키고자 노력한 일곱가지 수칙을 소개한다.

첫째, 욕을 끊자.
둘째, 말하기보다 듣기에 힘쓰자.
셋째, 끝까지 듣고 말하자.

넷째, 웃기는 사람보다 진지한 사람이 되자.
 다섯째, 즉답을 피하자.
 여섯째, 잘못 들었으면 즉시 사과하고 다시 듣자.
 일곱째, 장황하게 말고 짧고 간단하게 사족을 피하자.

 이는 30대가 된 지금도 여전히 매일같이 지키기 위해 노력하고 있는 규칙들인데, 여전히 쉽지 않다.

 하고 싶은 말이 생각 나도, 남에게 별로 도움도 안 되고 오해를 부를 수 있는 말이라면 차라리 글로 한번 기록해 보는 것이 나을 수 있다. 불필요한 말은 차라리 안 하는 것이 혼자 마음속으로 삼키는 것이 더 낫다.

 자꾸만 말실수를 한다고 느낀다면, 오늘부터 말을 조금 줄여 보는 노력, 그리고 말 한마디 한마디에 정성을 담아내는 노력을 해보자. 귀한 말 한마디가 분명 인생을 바꾼다.

18: 사람들이 나를 우습게 보는 것 같을 때

 20대 때에는 사람들이 나를 우습게 보는 것 같다고 느낄 때가 있다. 괜찮다. 남이 나를 우습게 본다고 해도 그것은 내 문제가 아니라 상대의 '인성 문제'일 경우가 더 크다. 그런 느낌을 받았을 때는 굳이 신경 쓰지 말자.
 그래도 계속 사람들이 나를 우습게 보는 것 같아 힘들면, 아래 네 가지 방법을 실행해보자.

 첫째, 쉽게 웃지 않는다.
 둘째, 꼭 필요한 말이 아니라면 내뱉지 않는다.
 셋째, 무조건적인 동의(Yes)는 하지 않는다.
 넷째, 대답할 땐 차분하게 낮고 또렷한 목소리로 답한다.

 남이 나를 우습게 보는 것 같을 때가 오히려 내게 좋은 점으로 작용할 수 있다. 숨겨진 잠재력과 오기를 일깨워 나를 한 단계 더 발전하게 만들기 때문이다. 감정적인 대응이 아니라, 압도하는 결과로 증명하자.

19: 목표를 이루지 못하고
    자꾸 중도 포기할 때(1)

 목표를 종이에 천천히 적어 보자. 대개의 경우, 목표가 더 구체적이게 되고 내가 이루고자 하는 목표가 내게 어떤 의미인지 다시 상기하게 된다.

 적은 목표들은 내 눈에 자주 띄는 곳에 붙이자. 큰 종이도 좋고 포스트잇도 좋다. 한 장이 아니라 열 장, 스무 장이면 더 좋다. 짧고 명확하게 내 목표를 적고 그 아래에는 왜 이 목표가 내게 중요한지를 적자. 이를 위해 스스로 고민하고 머릿 속에서 잊지 말자.

 그 후에는 내가 이루고 싶은 목표를 사람들 앞에서 선포하자. 혹자는 '목표는 이룰 때까지 반드시 혼자 조용히 간직해야 한다'라고 말한다. 물론 개인적이고 사소한 목표들은 모두에게 공개할 필요가 없다. 나의 성공과 목표 달성을 시기하는 이가 있기 때문이다. 그러나 반드시 이루고자 하는 목표는 믿을 수 있는 내 사람들에게 선포하자. 그들은 나의 훌륭한 조력자이자 응원단이 되기 때문이다. 그렇게 나의 목표를 직접 쓰고 읽고 선포하다 보면 어느새 목표는 이루어진다.

20: 왜 책을 읽어야 하는지 모르겠을 때

 20대가 되면 책을 읽으라고 강요하는 사람이 없다. 할 일도 많고 하고 싶은 일도 많아져 바쁜데, 굳이 시간을 내서 책을 읽기란 여간 어려운 일이 아니다. 책을 읽어야 한다는 글이나 조언을 보게 되어도 '왜 책을 읽어야 하는지 모르겠을 때' 그땐 '책은 도대체 무엇인가,' '그 많은 책은 누가 왜 어떻게 쓴 것인가' 스스로에게 질문해 보면 좋다.

 한 권의 책은 그냥 한 묶음의 종이가 아니다. 어떤 책도 의미 없이, 노력 없이, 짠하고 만들어진 책은 없다. 한 권의 책은 누군가의 피, 땀, 눈물 그리고 영혼의 정수가 담긴 결과물이다.

 책은 한 번 세상에 나오면 다시 주워 담을 수 없는 공식적인 기록이 된다. 그래서 모든 책에는 지은이의 용기와 결단이 담겨 있다. 평생 자기가 지은 책에 대한 책임을 지고 살아가는 것이다. 그래서 대부분의 작가들이 혼을 다해 원고를 쓰고 몇 달 아니 몇 년을 고심하고 고민하며 탈고를 거듭한다.

실제로 보조사 자리에 '은'을 쓸 것인가 '는'을 쓸 것인가를 두고 며칠 밤을 새우는 것이 작가다. 당연히 대부분의 작가들은 책에 허튼소리나 무책임한 거짓을 적지 않는다. 최고의 지식과 지혜 그리고 가장 솔직한 이야기를 심사숙고 끝에 담아낸다. 혹자는 이것이 마치 영혼을 갈아 넣는 작업과도 같다고 했다.

다른 사람의 생각과 가치관, 기술과 지식 그리고 삶의 지혜와 고아한 가치관을 단기간에 전수받기란 불가능에 가깝다. 그러나 그것을 가능케 하는 방법이 바로 독서에 있다. 평상시 혹은 평생에 걸쳐 내가 만나기 어려운 사람들의 가장 진솔한 이야기, 놀라운 성공의 비결, 그리고 심지어는 삶의 진리까지 배울 수 있다. 한 번뿐인 인생을 살아가는 우리에게 여러 인생을 경험케하고 깊은 깨달음이 아니라도 삶을 풍요롭게 만들어준다.

'왜 책을 읽는 거야? 책을 읽는다고 인생이 달라져?' 묻는다면, 나는 '답을 알면서 뭘 물어'라고 답하겠다. 가난한 자는 책으로 부자가 되고, 부자는 책으로 존귀해 진다고 했다. 20대 시절에 내 돈 주고 산 모든 소비 중 가장 가치있는 투자는 주식도 비트코인도 아닌 단 한 권의 책이다.

'20대 청춘, 책을 읽자'

-제3장-

'실수투성이여도 잘했어'

21: 정해놓은 계획과 약속이 부담 될 때

20대가 되면 여러 사람을 만나고 어울리며 새롭고 다양한 것들을 경험하게 된다. 새로 만난 사람, 친해진 사람, 혹은 사귀게 된 사람과 많은 계획과 약속들을 세우게 된다. 하지만 때로는 정해놓은 계획과 약속이 갑자기 부담으로 느껴질 때가 있다.

나는 20대가 되고 나서 친구, 후배, 직장 동료들 등등 주변인들과의 약속을 잡을 때면, 항상 이런 말을 하는 버릇을 들였다.

'우리 물 흐르듯이 하자'

우리의 계획과 약속, 그리고 만남이 절대 억지나 부담으로 느껴지게 하지 말자는 뜻이다. 또 '만약, 네가 불가피한 사정으로 우리가 세운 계획과 약속을 다음으로 미뤄도 나는 전혀 이해한다'라는 뜻이 담겨있다. 우리가 세운 계획과 약속을 물 흐르듯이 자연스럽게 하자는 내 말을 들은 사람들 모두 기분 좋게 웃었고 우리는 정말 물 흐르듯이 만났다.

물은 산이 가로막으면 돌아가고, 파인 곳을 만나면 그곳을 가득 채우고 다시 나아가고, 충분히 때가 준비되어야 움직인다. 결코 무리하게 억지로 진행하지 않기에 오해가 없고 시기가 없고 허물이 없다. 그래서 물 흐르듯이 만나자고 이야기하는 것이다.

  한 치 앞도 모르는 게 사람 일이다. 불가피한 이유로 내가 약속을 취소해야 할 수도 있고, 나와 약속을 한 사람에게 피치 못할 사정이 생길 수도 있다. 20대가 되었다면, 다른 사람과의 계획과 약속에 여유와 배려를 담는 연습을 시작하자.

  첫째, 억지로 하지 말자.
  둘째, 사전 스케줄을 한 번 더 확인하자.
  셋째, 서로에게 이로운 계획과 약속을 하자.
  넷째, 서로 합의한 가장 좋은 날, 좋은 시간으로 하자.
  다섯째, 약속한 당일 하루 전에 다시 확인하자.

  당최 정해놓은 계획과 약속이 부담될 때는 못해도 하루 전에 상대에게 사과하고 다음에 만나자고 통보해 주자.

22: 모르는 사람을 만나는 것이 두려울 때

 20대가 되면 기존의 바운더리(Boundary)를 넘어 새로운 사람, 즉 모르는 사람들과의 만남을 마주하게 된다. 각종 오리엔테이션과 면접, 그리고 소개팅까지도 처음엔 모르는 사람과의 만남이니까 말이다.

 모르는 사람을 만나는 것이 두려울 때는 그들이 나를 어떻게 생각할지 걱정이 되어서 일 가능성이 가장 크다. 그게 아니라면, 내 재산과 생명에 위협이나 피해를 입힐 수 있는 불특정 사이코나 범죄자들에 대한 두려움 때문일 수 있다.

 그러나 우리가 알아야 할 것은 대부분의 사람들은 타인에게 별로 관심이 없다는 것이다. 사람들은 모두 자기가 인생의 주인공이기 때문에 지나가는 조연들에게는 관심이 없다. 다들 각자의 하루를 허비하지 않기 위해 바삐 움직일 뿐이다.

 또한, 세상엔 걸어가면서 아예 다른 사람을 쳐다보지 않거나 옆자리에 앉았던 사람의 얼굴을 전혀 기억하지 못하는 사람이 태반이다. 카페에서도 다들 자기 이야기하기 바쁜지 남들이 무슨 이야기를 하나 들으려 오는 사람은 잘 없다. 만약에 내가 모르는 사람인데, 내 일거수일투족을 지켜보고 의식하는 사람은 둘 중 하나다. 스토커 변태거나 호객꾼.

   물론 범죄자들이나 사이코들이 이름표를 달고 다니지는 않는 것이 사실이다. 그들도 우리와 함께 이 사회에서 살아가고 있다. 그러나 20대가 되었다면, 낯선 이들에 대한 막연한 두려움은 이겨내자. 조심은 해야겠지만 너무 두려워할 필요도 없다.

   우리는 모두 매일 아침 집을 나서서 하루 종일 낯선 이들을 마주한다. 엘리베이터, 골목길, 지하철과 버스 안, 식당 또는 커피숍. 걱정할 것 없다. 세상엔 하루하루 자기에게 주어진 삶에 최선을 다해 살고 있는 착하고 성실한 사람들이 더 많다.

   집을 나서면 나 역시 그들에게는 모르는 사람, 낯선 이다. 담담하고 당당하게 집 밖으로 나가 모르는 사람을 만나라. 나의 가장 친한 친구, 존경하는 선생님, 사랑하는 사람도 처음엔 모르는 사람이었다.

23: 목표를 이루지 못하고
　　자꾸 중도포기할 때(2)

　목표를 이루지 못하고 자꾸 중도 포기하게 될 때는, 지금 당장 내가 이루고 싶고 이룰 수 있는 작은 목표부터 달성해 보자. 목표가 항상 거창하거나 엄청나게 대단한 것일 필요는 없다.

　첫째, 오늘은 물을 한 컵 이상 마신다.
　둘째, 밖에 나가 세 번 이상 하늘을 3초간 쳐다본다.
　셋째, 지하철에서 남에게 자리를 양보해 본다.
　넷째, 혼자 카페를 찾아 커피를 마셔본다.

　성취의 기쁨은 다른 목표를 향해 나아갈 힘이 된다. 오늘의 목표를 성취한 그 경험으로 내일의 목표를 세우고 이번 주의 목표를 세우고 이번 달, 올해의 목표를 세운다.

　완벽하지 못해도 좋다. 포기만 하지 말자.
　그냥 그렇게 계속 반복해 나가는 습관을 들이자.
　반복에 지치지 않는 사람이 목표를 이루고 성취한다.

24: 원하는 것을 얻고 싶을 때

 군 복무 시절이었다. 고대하던 정기휴가를 받은 나는 광화문 교보문고를 방문했다. 당시 여러 권의 책을 짚어들었는데, 스튜어트 다이아몬드 교수의 '어떻게 원하는 것을 얻을까'라는 책이 내 눈길을 사로잡았다.

 찾아보니 스튜어트 다이아몬드 교수는 13년 연속 미국 와튼스쿨 최고의 인기 강의라는 명예를 얻은 '협상 강의'의 대가라는 것을 알 수 있었다.

 나는 정말 이 책을 읽고 원하는 것을 얻는 방법을 깨달았을까? 그렇다. 구체적인 책의 내용은 생각나지 않지만, 원하는 것을 얻는 방법 하나는 분명 기억나기 때문이다.

 내가 깨달은 방법은 바로!
 '물어봐라! ASK!'

원하는 것을 얻고 싶다면 물어보라는 것이다. 교수님(저자)께서 더 많은 이야기들을 책에 분명 담았을 것이다. 그러나 안타깝게도 내가 이 책을 읽고 얻은 한 가지 깨달음은 하나였다. 원하는 것이 있을 때는 물어야 한다는 것이다.

실제로 많은 사람들이 묻는 것에 대한 두려움과 귀찮음을 느낀다. 더 나아가 어떠한 체면 때문에 '물음'이 가지는 중요성을 간과한다. '에이 됐어, 괜찮겠지. 에이 다들 가만히 있는데 뭐. 설마 묻는다고 주겠어?'

'준다! 물어보면 원하는 것을 얻을 확률이 생각보다 정말 높다.' 섣부른 자기 판단에 원하는 것이 있어도 묻지 않는다면 정말 어리석은 짓이다. 묻는다는 것은 내 필요를 알리는 것이다. 못 얻을 수도 있지만, 스스로 원하는 것을 얻기 위해 찾아 헤매고 노력하는 것은 결코 창피한 일이 아니다.

"물어야 답이 있고, 구해야 찾게 되며, 두드려야 열린다."

"Ask and it will be given to you;
seek and you will find;
knock and the door will be opened to you."

25: 아무것도 가진 게 없는 내가 속상할 때

 모든 인간은 세상에 나올 때 발가벗은 채로 태어난다. 한마디로 가진 것 하나 없이 태어난다는 것이다. 그러나 세상은 모든 인간에게 세상을 살아가기 위한 가장 소중하고 중요한 것들을 공평하게 나눠준다.

 장자크 루소는 인간은 모두 알몸의 가난한 인간으로 태어난다고 했다. 그리고 인간은 모두 인생의 비참함, 슬픔, 불행, 결핍, 여러 종류의 괴로움을 가지고 태어난다고도 했다. 게다가 모든 인간은 죽을 운명을 가지고 태어나는데, 이것이 진실로 인간에게 공평하게 주어진 일이며 어떤 인간도 피할 수 없는 일이라는 것이다.

 내가 지금 아무것도 가진 게 없다고 생각되면 곰곰이 내가 누리고 있는 것들은 없는지 세어 봐라. 또 내가 가졌다고 생각하는 것이 물질에 국한된 것이 아닌지 스스로 돌아봐라. 내가 정말로 가진 것이 아무것도 없는 것일까? 사실은 누군가와 비교

비교해서 내가 가진 게 없는 것 같아 속상한 것일 경우가 크다.

의사의 실수로 태어날 때부터 뇌성마비 판정을 받은 아이가 있었다. 아이의 부모는 가난해서 치료는 물론 먹이고 입히는 일도 힘이 들었다. 아이는 몸도 마음도 병들었지만 사춘기를 지나면서 오히려 자기가 받은 것들을 감사하는 습관을 들였다. 그가 지은 감사의 시가 지금도 많은 이들에게 감동을 주고 있다. 아래 의역해 본다.

'나는 가진 재물도 지식도 없어. 또 나는 남이 가진 건 강도 없지. 그러나 나는 남에게 없는 것이 있어. 그것은 바로 내가 남이 못 본 것을 보았고, 남이 듣지 못한 것을 들었으며, 남이 받지 못한 사랑을 받았다는 것이야. 남이 모르는 것을 깨달았으니, 나는 가진 재물이 없어도 감사해.'

-송명희 시인-

20대 청춘, 아무것도 가진 것이 없어서 속상할 때.
내가 받은 사랑과 누리고 있는 것들에 감사하자.

26: 군대에 입대하는 것이 너무 걱정될 때

20대가 된 대한민국 남자들은 군 입대에 대한 걱정을 한다. 언제 가야 할지 어디로 가야 할지 고민한다. 일단, 20대 남자들아 너무 걱정하지 말자. 군대도 사람들이 사는 곳이다. 또 알고 있듯이 매년 군인들을 향한 처우와 사회 인식이 개선되고 있다.

대한민국에서 남자로 태어났다면 국방의 의무는 숙명이다. 애초부터 그렇게 생각하자. 세계 유일의 분단국가이자 여전히 전쟁 중인 한반도에 태어났다. 내 나라, 내 가족을 지키기 위해 훈련받는 것은 당연하다. 총 쏘는 법은 알아야 언제든 일어날 수 있는 실전에 대비할 수 있다.

살아온 환경부터 모든 것이 다른 인간들과 소통하고 조화를 이루며 공존하는 법을 군대서 배운다. 뼈저리게 배운다. 군대가 아니라면 살면서 만날 일도 말을 섞을 일도 없는 다양한 휴먼들을 만날 기회가 있을까. 이는 어디서도 배울 수 없는 인생 교육이자 사회교육이다.

인생은 한 번뿐이다. 군 복무도 한 번만 하면 된다. 이왕 해야 하는 거라면 쪽팔리지 않게 멋지고 당당하게 하자. 군 복무가 두렵고 피하고 싶어서 어리석은 판단을 했다가 평생 빌빌거리고 눈물 흘리고, 또 눈치 보며 사는 이들을 우리는 잘 알고 있다. 20대! 당당히 감당하고 멋지게 살자는 것이다.

사실, 말은 이렇게 하지만 나도 군에 입대하고 왜 그렇게 형들이 씁쓸한 미소를 지으며 '안 갈 수 있으면, 안 가는 것도 나쁘지 않지'라고 말했는지 뼈저리게 느꼈다. 나는 군 입대 전 기숙사 생활을 6년 이상 했다. 그래서 단체생활이 어렵지 않았다. 그러나 개인주의가 강한 까탈스러운 인간이었기에, 군 생활이 꽤나 답답했다. 또 규칙적인 삶은 좋았지만 그 안에 수반되는 다양한 형태의 폭력과 부조리가 짜증났다. 그래도 걱정하지 말자. 나도 했고 쟤도 했고 너도 할 수 있다. 정신 단단히 차리고, 꾀부리지 말고, 열심히 임하면 금세 적응하고 심지어 밖에서 보다 훨씬 편해질 수도 있다. 군인의 본분을 다하면 된다. 군 생활은 대부분 첫 3개월에 판가름 난다. 그 이유는 3개월이면 새로 들어온 이등병이 어떤 사람인지 판단을 끝내기 때문이다. 입대하고 3개월이면 사회에선 몰랐던 나 자신의 새로운 모습과 자아를 깨닫기도 한다. 자대를 배치받고 첫 3개월, 열심히 배우고 익히고 적응해라. 나머지는 시간이 해결해 준다.

나는 입대하기 한 달전까지 미국에서 혼자 살고 있었다. 자고 싶을 때 자고, 놀고 싶을 때 놀고, 먹고 싶을 때 먹었다. 그런데 입대 후엔 정확히 정해진 시간에 일어나 뛰고 먹고 일하다 씻고 자야 했다. 모든 것이 통제된 삶에 적응하는 것. 그것이 군대다. 좋은 점은 의식주를 걱정할 필요가 없다는 거다. 입대하는 순간 모두 같은 옷을 입고 같은 밥을 먹고 같은 일을 하고 같은 곳에서 잔다. 생활비, 성적, 인간관계, 진로 등 사회에서 항상 신경 써야 했고 골치 아팠던 걱정들을 내려놓을 수 있게 된다. 아무 걱정 없이, 아니 아무 생각 없이 지내는 게 속 편하다.

재미있는 것은 같은 군 생활도 어떤 자세로 임하는지에 따라 하늘과 땅 차이가 난다는 것이다. 이는 제대 후의 삶에서도 명확하게 나타나는데, 군 생활의 경험이 사회에 승승장구하는 인생의 긍정적인 전환점(Turning Point)이 될지, 황금 같은 20대 청춘을 삽질만 하다가 허비했다고 평생 한탄하는 오점이 될지 말이다. 이 시간이 분명히 나를 성장시킨다는 자세로 임하자.

사실, 군대는 몸 건강히 만기전역만해도 성공이다. '아 여기가 내 집이구나' 생각이 들고 중대장이 친한 형 같고 행보관이 동네 아저씨 같아질 때가 온다. 그때 우리는 한여름 밤의 꿈처럼 집으로 돌아가게 된다.

현실적인 조언을 하면, 육군만 생각하지 말고 공군, 해군, 해병대, 카투사, 의무경찰, 의무 소방, 해양 의무경찰, 부사관이나 장교 임관 등 선택의 폭을 넓게 가져라. 특기병으로 직접 지원하는 방법도 알아보고, 친한 친구와 함께 동반 입대하는 방법도 있다. 군인이 된다는 것은 분명 자랑스러운 일이고 존경받아야 할 일이다. 군대에 끌려가지 말고 당당히 제 발로 들어가자. 평생 자랑할 수 있는 군 생활, 존경받을 수 있는 군인이 되자.

마지막으로 내가 군대에 있을 때, 이것만 성공하면 군 생활 후회 없다고 생각한 다섯 가지를 소개한다. 열심히 노력하면 누구나 제대 후에도 챙겨갈 수 있는 자산이다.

첫째, 건강한 신체.
둘째, 평생의 인연이 될 수도 있는 동기.
셋째, 열심히 읽고 쓰고 기록한 책.
넷째, 꿈과 비전에 대한 깊은 사색의 시간.
마지막으로 날 기다려준 사랑하는 가족.

20대 청춘, 군복무를 통해 더 강인하고 멋진 사람으로 거듭나길 진심으로 축복하고 응원한다. 몸 건강히 만기 전역해라.

27: 어떤 옷을 입어야 할지 모르겠을 때

 20대 때에는 입고 싶은 옷도 많고 도전해 보고 싶은 패션 스타일도 많다. 또 내가 무슨 옷을 입는지, 어떻게 입는지 잔소리하던 부모님이 이제는 성인이 된 내 취향을 인정해 준다. 물론 그냥 못 본체하는 걸 수도 있다. 더 나아가 기숙사나 자취를 하게 되면 그야말로 내 맘대로 옷을 입기 시작하는데, 남자들은 티셔츠 하나와 반바지 하나로 4계절 모든 T.P.O.(Time, Place, Occasion)를 커버하는 놀라운 기적을 이루기도 한다.

 사실 '옷이 날개다'라는 말이 있는 것처럼 옷은 생각보다 우리 인생에 큰 의미를 차지한다. 현대사회에서 옷 입는 스타일, 패션은 나를 드러내는 개성이자 정체성이다. 더 나아가 옷 즉 의복에는 내가 속한 사회가 만들어낸 암묵적인 룰이 담겨있기도 하다.

 미국 할리우드에서 활약하고 있는 재미교포 배우 스티븐 연이 앨런쇼(The Ellen Show)에 나와 아버지에 관한 이야기를 한 적이 있다. 한국인 이민 1세셨던 스티븐 연의 아버지는 스티븐 연이 배우로 유명해지고 난 뒤부터 어디를 가든지 '정장'을 입으라고 조언했다고 한다.

"아빠, 나 요 앞 슈퍼에 오렌지 사러 가는 거예요."라고 말해도 아버지는 매번 "그래도 정장을 입어. 누가 널 알아보기라도 하면 어쩌려고 그래. 그럼 넌 멍청해 보일 거야"라고 말한다고 했다.

2009년 EBS에서는 '다큐프라임-인간의 두 얼굴'이라는 프로그램이 방영됐다. 다양한 실험을 통해 인간의 행동과 삶에 대한 깊이 있는 사유를 시청자에게 제공한 3부작 다큐멘터리로 지금도 온라인상에서 다시 볼 수 있다.

한 남성이 한 번은 양복 정장을 다른 한 번은 청바지에 캐주얼한 남방을 입고 거리에 나타난다. 사람들은 그의 외형을 보고 남성의 첫인상을 평가하고 연봉, 직업을 짐작해 보는 실험을 진행한다. 남성은 정장을 입었을 때 변호사, 의사로 유추되고 연봉은 8천만 원가량, 첫인상 매력점수는 10점 만점에 평균 8점을 받았다. 그러나 남성이 옷을 캐주얼하게 입었을 때 사람들은 남성이 공장 관련 기계 수리기사 같다며 연봉 3천만 원가량, 첫인상은 10점 만점에 2점가량을 주었다. 이는 분명한 편견이자 일종의 착각이지만, 실제 우리 사회 일반 시민들의 모습이었다.

스티븐 연의 아버지 이야기와 EBS 다큐프라임-인간의 두 얼굴 실험은 '옷이 가지는 힘'에 대해 다시 생각하게 해주는 두 가지 좋은 예시다. 사람의 '첫인상(First Impression)'은 어쩔 수 없이 외형으로 판단된다. 그리고 그 외형에서 가장 큰 비중은 '옷'에 있는 것이 분명하다. 그렇다면 20대 청춘은 어떤 옷을 어떻게 입어야 할까?

 '어떤 옷을 입어야 할지 모르겠을 때' 나는 '클래식을 따르자'라고 조언하겠다. 클래식은 오랜 시간 많은 사람들이 사랑한 '유행 안타는 스타일'이다. 물론 클래식도 다양한 스타일과 특성이 있다. 그러나 오래 사랑받는 클래식 스타일은 그 대표적인 예시를 어렵지 않게 찾을 수 있다. 따라하기 쉽다는 것이다. 그러니 이런 클래식 옷들을 찾아 보고 그중에서 나에게 가장 잘 어울리는 스타일을 찾아서 입는 것이 현명하다는 것이다.

 유행에 따라 옷을 입으면 몇 년 후 여러모로 후회하는 경우가 많다. 유행은 돌고 도니까 그때 진짜 멋지게 입었다고 뿌듯해 해도 몇 년 후엔 촌놈도 그런 상촌놈이 없다. 지극히 개인적인 경험에서 우러나오는 조언이다. 이성에게 잘 보이기 위해 옷을 고르는 것도 하루 이틀이다. 나이 들면 어떤 옷을 입을까가 아니라, 그 옷을 입은 내가 누구인지가 더 중요하다. 옷은 참 중요한 것이 맞는 동시에 다시 생각해 보면 정말 아무것도 아니다.

사회에서 성공했다고 불리는 영향력 있는 유명인들 중에는 같은 옷을 여러 벌 사놓고 매일 똑같이 입는 사람들을 어렵지 않게 볼 수 있다.

'스티브 잡스, 마크 저커버그, 빌 게이츠... 김정은!'
그들은 정말 자기 개성이 없거나 패션 감각이 없어서 혹은 쇼핑을 싫어해서 같은 옷을 주야장천 입는 걸까? 오히려 그들은 누구보다 자신에게 최고의 복장을 깨달은 사람들이다. 매일 거울 앞에서 어떤 옷을 입을지 고민해야 하는 시간을 아껴서 더 중요한 일을 처리하는 사람들이다. 어떤 옷, 무슨 옷을 입어야 할지 고민하는 스트레스에서만 벗어나도 삶은 훨씬 행복하다.

마크 저커버그가 회색 티셔츠와 청바지를 입었다고 사람들이 그를 우습게 보거나 무시할까? 그는 매일 '내가 지금 과연 가장 중요한 일과 문제에 시간을 쏟고 있나' 스스로에게 묻는다고 한다. 옷을 고르는 시간마저 아까워하는 그를 누구도 무시하지 못한다.

그리고 마지막으로, '패션의 완성은 뭐다? ...'

28: 나도 모르게 죄를 지었을 때

 사람은 누구나 죄를 짓는다. 사람은 누구나 실수를 하기 때문이다. 나도 모르게 죄를 지을 수 있다. 살다 보면 내가 의도한 것이 아닌데, 남에게 피해를 입히는 일이 벌어지기도 한다.

 성서에 보면 커다란 돌을 저마다 한 손에 움켜쥔 남자들이 간음하던 여자를 한 명 붙잡아 와서 죽이려다가 예수에게 어떻게 하면 좋을지 묻는 장면이 나온다. 간음은 중죄니, 즉각 돌로 처단해야 하는 것이 맞지 않느냐고 따져 묻는 것이었다. 예수는 그들에게 이렇게 말했다.

 "그럼, 너희 중에 죄 없는 자가 먼저 돌로 쳐라"

 씩씩거리던 남자들은 모두 손에 쥐고 있던 돌을 하나둘 내려놓고 각자 갈 길로 사라졌다. 하늘 아래 죄 없는 인간은 한 명도 없다. 정말 없다. 모두 더러운 죄를 갖고 있다. 누가 더 깨끗한지 견주는 것은 이미 세상 가장 멍청한 짓이다. 인간이 다른 인간의 겉모습만 보고 정죄하는 것은 옳지 않은 이유다.

물론 오늘날 우리 사회에는 모두가 함께 지키기로 약속한 '법'이 있다. 이는 다 같이 안전하고 편안하게 살기(공존) 위해 사회 구성원 간의 합의를 통해 지켜야 하는 규칙, 공동의 생활 기준을 만든 것이다. 법을 어기면, 지은 죄에 대한 죗값을 법원에서 판결 받는다. 그리고 법을 어긴 사람은 자신의 죗값을 지면 된다.

인간이 다른 인간이 지은 죄의 경중을 따질 때는 죄지은 사람의 '의도성'을 따진다. 자기가 지은 죄를 알고 저지른 것인지 모르고 저지른 것인지 살피는 것이다. 이를 두고 첨예하지만 지루하기 짝이 없는 법적 공방을 몇 년이나 이어가고 있는 사건들을 우리는 어렵지 않게 찾을 수 있다. 초범이 선처를 받는 것은 의도성이 없다고 판단해서 법원에서 베푸는 자비라고 볼 수 있다.

계획하고 지은 죄인지, 아니면 충동적이고 우발적으로 지은 죄인지, 그것도 아니면 정말 무지해서 지은 죄인지에 따라 내려지는 형량은 무척 다르다.

　실제로 내가 죄라고 생각하지 않았던 말과 행동이 어떤 집단이나 나라에서는 죄가 되는 경우도 있다. 전 세계의 각 나라(국제법상 242개국)는 저마다 정해놓은 죄의 기준과 처벌 법이 있기 때문이다. 싱가포르에선 껌을 씹으면 징역형에 처할 수 있다. 스위스에선 밤 10시 이후 변기물을 내리면 불법이다. 미국(애리조나 주)에서는 선인장을 자르거나 해를 입히면 최소 1년 이상 징역형에 처한다.

　'모르고 지은 죄도 죄다'

　그래서 모르고 지은 죄도 그에 따른 합당한 책임을 물어야 한다. 벌금일 수도 있고 공개 사과일 수도 있고 심하게는 징역을 살 수도 있다. 그러나 가장 중요한 것은 죄를 범한 사람이 자기 죄를 스스로 깨달아 알고 피해를 입은 사람에게 진심 어린 사과를 전하는 것이다.

　2005년 개봉한 김지운 감독의 느와르 영화 '달콤한 인생(A Bittersweet Life)'에서는 이런 대사가 나온다.

"잘. 못. 했. 음. 딱 이 네 마디면 된다.
그러면 아무 일도 벌어지지 않는다."

그렇다. 어떨 때는 잘못했다는 말 한마디면 아무 일도 일어나지 않는다. 모든 일이 눈 녹듯이 사라지는 마법 같은 모습을 목격할 수 있다. 나도 모르게 죄를 지었다면, 빨리 죄를 인정하고 용서를 구하자. 사과도 타이밍이 중요하다. 내 죄를 깨달은 즉시 사과하자.

지은 죄를 고백하고 진정 어린 용서를 구하는 것을 기독교인들은 '회개' 또는 '참회'라고 한다. 누가 알지 못하거나 지적하지 않아도 내가 지은 죄를 내가 잘 알기에 하나님 앞에 용서를 구하는 것이다.

죄는 또 다른 죄를 낳고 결국 사망으로 인도한다고 성서에 쓰여있다. 이는 우리 조상들이 말한 바늘도둑이 소도둑놈 된다는 말과 상통한다.

'20대 청춘, 바늘 도둑도 되지 말자'
나도 모르게 죄를 지었다면, 빨리 사과하고 회개하자.

29: 나를 좋아해주는 사람이 생겼을 때

 20대는 오랜 모태솔로 생활을 청산할 수 있는 확률이 높은 인생의 황금기다. 누군가 '나'라는 사람을 좋아해 주는 기적 같은 일이 벌어진다는 뜻이다.

 나를 좋아해 주는 사람이 생겼을 때, 가장 먼저 들어야 하는 생각은 감사다. 도대체 내가 뭐라고 나에게 관심을 갖고 시간과 돈도 쓰는지 몇 날 며칠을 앓다가 고민 끝에 좋아한다고 고백해 준 그 정성에 감사하라는 말이다.

 나를 좋아한다고 고백한 그 사람이 내 스타일이 아닐 수 있다. 그렇다고 한들 그 사람의 진심을 비웃거나 멸시하거나 무안을 주는 몰지각한 인간이 되지 말자. 고백을 받았거나 나를 좋아하는 그의 마음을 알았을 때 평소보다 더 말과 행동을 조심해야 한다.

 다른 누군가에게 자신의 진실한 속마음을 내어 놓았다

는 것은결코 가볍거나 쉬운 일이 아니다. 살면서 우리는 몇 번이나 진지하게 자기의 속마음을 남에게 터놓는 일이 있을까?

나를 좋아해 주는 사람이 생겼을 때, '고맙다'는 말을 먼저 전해라. 그리고 나서 내 마음은 어떤지 말해도 늦지 않는다. 물론 나를 좋아해 주는 사람의 마음이 고마워서 좋아하지도 않는 사람이랑 교제를 하라는 것은 절대 아니다. 그 따뜻한 진심을 비웃거나 멸시하거나 악용하지 말라는 것이다.

20대는 예쁜 사랑에 빠질 권리가 있다. 마음껏 좋아하고 마음껏 사랑하자. 서로 아끼고 돌보다 보면 성장한다. 그 끝에 가슴 아픈 이별이 기다리고 있다고 해도 내가 후회 없이 사랑한다면 전부 아름다운 추억이 된다.

마지막으로 내 앞에 나타난 이 사람이 내게 똥차가 될지 벤츠가 될지는 만나봐야 알 수 있다. 똥차도 당당히 마주하는 용기를 배울 때 우리는 성숙한 20대가 된다.

30: 하루하루 소중하게 살고 싶을 때

인간은 매일 '오늘'을 산다.

어제도 오늘이었고 오늘은 오늘이며
내일도 오늘이 되는 '오늘 하루'를 산다.

하루하루 소중하게 살고 싶을 때는 세 가지를 실천하자.

첫 번째, 하루를 일찍 시작하자. 성공한 사람들을 보면 20대 시절에 이미 하루를 아침, 오후, 저녁으로 크게 삼등분하여 짜임새 있고 긴 호흡의 하루를 만든다. 우리에게 주어진 24시간 중에 누구는 4시간만 살고 다른 누구는 18시간을 산다면 하루하루 소중하게 삶을 살아가는 사람은 누구인지 우리는 이미 그 답을 다 알고 있다.

두 번째, 매일매일 지나가는 오늘 하루를 기록하자. 기록의 힘은 경험해 본 사람만 알 수 있다. 기록하는 사람은 후회가 없고 항상 상상 그 이상의 것을 이룬다. 그 기록은 일기가 될 수도 있고 한 쪽의 포스트잇이 될 수도 있고 핸드폰 메모장 앱안에 남긴 한 줄의 기록이 될 수도 있겠다. 인간은 망각의 동물이기 때문에 기록하지 않은 기억은 머릿속 저 멀리 뒤안길로 사라진다. 기록하면 다시 보게 되고 다시 떠올리게 된다.

세 번째, 또 새롭게 시작될 하루 즉 '내일'을 기대하고 감사하자. 생각보다 많은 사람들이 내일에 대한 감사를 잊고 살아간다. 심지어는 '죽지 못해 산다'라는 말을 입에 달고 사는 사람들도 있다. 우리는 생각해 봐야 한다. 내가 당연하게 주어진다고 생각하는 '내일 하루'가 누군가에게는 주어질 수 없는 오늘이자 너무나 간절하게 원했던 하루일 수 있다는 사실을 말이다. 새로운 내일에 대한 기대와 감사함을 가지고 잠자리에 드는 사람과 그렇지 못한 사람의 차이는 하늘과 땅이다.

'하루하루 소중하게 살고 싶을 때, 하루를 일찍 시작하고 하루를 열심히 기록하고 하루를 기대와 감사로 살자'

위에 세 가지 자세를 실천하며 20대를 보낸다면, 당신은 분명 하루하루를 누구보다 소중하게 살았다는 사실로 인해 많은 사람들에게 존경받고 인정받는 사람이 된다.

   세상을 변화시킨 위대한 인물들도 결국엔 모두에게 똑같이 주어진 하루를 살았을 뿐이다.

   아침에 시작한 하루가 풍성하고,
   기록된 오늘이 어제보다 낫고,
   기대와 감사로 시작하는 내일이 더 값지다.

'Make it count, meet me at the clock'

−영화 〈타이타닉〉 中−

-제4장-

'잘 견뎌줘서 고마워'

31: 좋은 멘토가 주변에 없을 때

20대의 당신이 '왜 내 주변에는 좋은 멘토가 없을까?' 라는 고민을 했다는 것은 매우 좋은 신호다.

첫째, '멘토'가 가지는 중요성을 알았다는 것
둘째, 내 주변을 돌아보았다는 것
셋째, 멘토를 통해 더 나은 나로 성장하고 싶은
      욕심이 있다는 것이기 때문이다.

정말 그렇다. 멘토가 있다는 것은 큰 축복이다. 사람들은 좋은 멘토를 '등대', '햇불', 또는 '나침반'에 비유한다. 좋은 멘토는 어둡기만 한 내 앞날에 내가 나아갈 방향을 제시해 주고 응원해 준다. 만약 내가 잘못된 길로 가고 있다면 따끔한 조언을 해 수 있는 사람이다.

또한 내게 좋은 멘토가 있다는 것만으로도 큰 도움이 되는 것은 나도 모르는 사이에 그를 닮아가기 때문이다.

'나의 멘토' 한 사람이 주는 영향은 우리 인생을 변화시키는 확연한 차이를 만들기도 한다. 그래서 어떤 멘토를 만났는지 어떤 조언을 받았는지가 정말 중요하다.

만약 주위에 멘토를 삼을 훌륭한 인생의 선배가 없다면? 당장 집 근처의 '서점', '책방', 혹은 '도서관'으로 달려가라. '현명하고 신뢰할 수 있는 상담 상대, 지도자, 스승, 선생' 수많은 멘토들이 당신을 기다리고 있다. 그들은 내가 겪은 역경을 이미 겪었고 이겨냈고 끝내 자기 운명의 주인이 된 사람들이다. 어떤 분야의 멘토든지 당신은 분명 좋은 멘토를 찾을 것이다.

혹시나 너무 위대한 멘토들의 이야기가 내게는 현실성이 떨어지기도 하고 부담된다면, '독립서점'으로 가면 된다. 독립서점에는 위대하진 않지만 특별하고 소중한 삶을 살아가는 우리 주변의 멘토들의 이야기가 있다. 그들이 들려주는 이야기는 오히려 더 솔직하고 더 친절하며 더 생생하게 살아 숨 쉬고 있다.

'요새는 유튜브에도 다양한 직업과 삶을 소개하는 유튜버들이 있는데요?'라고 물을 수 있다. 나는 유튜브 영상도 좋은 정보를 찾을 수 있다면 좋다고 생각하지만 그들을 '멘토'라고 생각하지는 않는다. 단언컨대 책에서 만나게 되는 멘토들의 이야기는 유튜브에서 느낄 수 없는 진정성이 있다. 영상으로 만나는 그들의 이야기보다 책에 담긴 그들의 이야기가 더 깊이 있다.

긴 글이나 책을 읽는 것에 어려움을 겪는 사람이라면, 누군가의 짧은 글이나 문구에 집중해 보자. 우리 주변을 채우고 있는 수많은 말들에 귀 기울여보자. 한 문장이라도 당신의 삶에 큰 위로와 힘이 되었다면, 그가 바로 당신의 좋은 멘토일 수 있다.

멘토를 찾는 일에는 분명 멘티의 '용기와 노력'이 필요하다. 멘토로 생각하는 사람에게 나를 소개할 수 있는 용기, 또 멘토로 생각하는 사람을 더 알아보고 공부하고자 하는 노력 말이다.

좋은 멘토는 좋은 멘티의 눈으로 찾을 수 있다.

32: 새로운 도전을 앞두고 막막할 때

 사람은 가보지 않은 길, 경험해 보지 못한 것에 대한 막연한 걱정과 두려움이 있다. 그렇지만 신기하게도 어떤 사람들은 그 새로운 도전이 가져다주는 떨림과 막연함이 좋아서 일부러 찾아 즐기기도 한다. 그들은 스스로 높은 값을 치르고 서라도 새로운 길을 찾아 나선다.

 눈 감고도 걸을 수 있는 익숙한 집 앞 동네 골목길과 매일 같이 찾는 단골 음식점, 또 오랜 친구들도 한때는 너무 어색하고 불편할 때가 있었던 것을 기억하자. 그 첫 만남의 어색함과 새로운 도전이 있었기에 오늘의 익숙함이 있는 것이다.

 '아무것도 하지 않으면, 아무 일도 일어나지 않는다'

 새로운 도전이 없으면 새로운 결과도 없다.
 실패할지언정 도전해야 배움이 있다.

'실패는 성공의 어머니다.'

실패가 있어야 성공이라는 자식을 낳을 수 있다는 말이다. 도전하고 또 도전하면 나 스스로 터득하게 되는 실패가 생기고 그것은 이미 내게 큰 깨달음이고 나의 재산이 된다.

더 나아가 실패해도 도전하고 또 도전하면 사람들은 당신이 도전하고 있다는 것을 알게 된다. 그리고 당신의 도전에 관심을 갖는다.

새로운 도전을 앞두고 막막하다면, 이 막막함이 곧 기분 좋은 첫 만남의 추억으로 남을 것이라고 확신해라. 의심이 발목 잡지 못하도록 확고한 확신으로 자신을 믿고 꿈을 이루어라.

우리 인생은 끝없는 도전이니까
결국 우리는 모두
매일 도전하고 있는 존재와 다름없다.

33: 내 전공과는 다른 일을 하고 싶을 때

나는 대학에 입학하고 '비지니스 마케팅'을 전공했다. 어려서부터 말을 잘한다는 칭찬을 종종 듣기도 했고, 새로운 사람을 만나는 일을 스스로 즐기는 성향을 알고 있어서 선택했다. 그리고 무엇보다 사람들이 '무슨 전공이냐' 물으면 비즈니스 마케팅을 전공한다고 하는 것이 분명 폼 났던 것 같다.

그러나 나는 곧 마케팅 전공이 나와는 정말 맞지 않는다는 사실을 깨달았다. 통계, 회계, 경제학 수업 모두 재미없었다. 그저 좋은 점수를 받으려고 공부할 뿐이었다. 나는 오히려 역사, 사회, 미술 관련 수업이나 발표를 많이 하는 커뮤니케이션 수업이 재미있었다.

대학 1학년을 마치고 나는 부모님께 전화를 걸었다. 대학 공부를 중단하고 뉴욕으로 가겠다고 말씀드렸다. 나는 어려서부터 그림을 그리고 무언가를 만들어내는 창조적인 일을 하고 싶어 했다. 더 늦기 전에 전 세계 디자인 트렌드를 이끌고 있는 뉴욕으로 가서 있는 힘껏 도전하고 싶었다. 어머니께 일단 무조건 뉴욕으로 가겠다고 했는데, 돌아오는 대답은 한 마디였다.

'굶어죽어.'

초등학교 때는 미니어처를 만드는 일을 하겠다고 했다. 중학교 때는 애니메이션 고등학교에 진학하겠다고 했다. 그때마다 어머니는 비슷한 대답을 하셨다.

'예술은 배고픈 일이다. 그리고 너보다 잘하는 사람이 세상에 차고도 넘친다. 어중되게 하면 오히려 고달프다.' 어머니는 내가 좀 더 공부에 집중하길 원하셨다. 반면, 아버지는 '네가 하고 싶으면 해. 네 인생이니까'라고만 말씀하셨다.

사실 그때마다 용기를 내지 못한 건 나였다. 미친척하고 고집도 부리지 못했다. 지금은 부모님의 속을 썩이면 안 되겠다는 생각밖에 없었던 것 같다. 그러나 이번만큼은 용기를 냈고 확신이 있었고 매우 단호했다. 굶어죽어도 아르바이트하면서 혼자 힘으로 먹고살며 뉴욕에서 꼭 미술을 배우겠다고 했다. 그러자 며칠 후에 부모님은 절충안을 제안하셨다.

"그러면 일단 지금 네가 있는 곳에서 네 수준을 점검 받아봐라."

나는 당장 주변 Community College(2년제 단기대학)에서 여름방학 동안 미술 수업을 수강했다. 미술 수업을 여러 개 들었는데 학기가 끝나고 나는 더 혼란스러워졌다. 성적은 모두 A+였다. 심지어 교수님과의 상담에서 분명 소질이 있으니, 미술대학으로 편입을 해서 도전해 보면 좋겠다는 칭찬도 들었다. 본인이 근처 미술대학에 아는 교수가 있는데 추천서를 써주겠다고 했다. 참 아이러니하게도 나는 교수님의 추천서를 받지 않았다. 수업을 듣고 나는 오히려 내 미래에 대한 확신이 서지 않았다. 내 실력이 정말 평생 그림을 그리는 일을 천직으로 또 생업으로 삼고 기쁘게 일궈나갈 수 있을까?

부모님은 내게 일단 편입을 도전하는 방안을 추천하셨고, 나는 약 1년간 열심히 준비해서 편입에 성공했다. 뉴욕에 있는 대학과 뉴저지에 있는 대학에서 합격 통지서를 받았다. 장학금도 제안받았다. 그런데 나는 떠나지 않았다. 대신 기존에 생활하던 주 안에서 마음에 들고 유망한 대학으로 옮기기로 했다. 주전공은 국제학(International Studies), 부전공은 미술을 선택했다.

대학을 졸업하고 미국에 있는 화장품 회사에서 취직했다. 그 후엔 귀국해서 학교에 취직했다. 진로진학 상담 교사가 되었다. 아이들을 가르치는 일이 좋았고 적성에 맞았다. 교육에 대한 열정이 더해졌고, 나는 교육학에 대한 이론 및 학술적인 기반이 부족함을 느껴 대학원에 진학했다.

학교를 나와 기획자로 일했다. 매일 글을 쓰고 그림 그리는 일을 하며 나름의 '덕업 일치'를 이룬 것이다. 그렇게 나는 행복하게 살고 있다.

결국 20대는 전공에 얽매일 필요가 전혀 없다. 전공대로 취업을 하고 평생 살아가는 사람이 많지 않다. 또 직업을 몇 번이나 바꾸고 여러 가지 직업을 가진 'N잡러'가 시대의 표상이 되었다. 그렇다고 지금 당장 전공을 다

때려치우라는 말은 아니다. 지금 하고 있는 전공 공부도 언젠가 도움이 될 날이 분명히 온다는 것이다. 최근 내가 읽은 책의 주제 역시 대학 때 디자인을 전공한 창업가들이 전공과는 전혀 다른 분야에서 전공을 살려 성공한 이야기를 담은 성공 스토리였다.

내 전공과는 다른 일을 하고 싶을 때, 과감하게 도전하자. 전공에 얽매일 필요가 전혀 없다. 인생은 실전이니까. 네가 가는 길이 정답이고 네가 선택한 삶이다.

뭐든 배워두면 도움이 되는 것은 확실하다. 인생은 배움의 연속이니까 말이다. 그래서 어른들은 항상 '아는 것이 힘'이라고 말한다. 학교를 졸업하면 배움을 그만두는 20대가 많다. 그러나 우리는 절대로 배움을 멈추면 안 된다. 배움이 없으면 성장도 없다. 아무것도 모를 때는 이것도 저것도 열심히 배우며 자라지만, 좀 안다고 생각하기 시작하면 배움을 멈추게 되고 썩기 시작한다.

전공 말고 나를 끌어당기고 꼭 해보고 싶은 일,
내 인생을 걸어보고 싶은 일에 미쳐보자.

34: 남들에 비해 내가 너무 느린 것 같을 때

　남들에 비해 내가 느린 것이 맞을 수 있다. 나도 그랬으니까. 그러나 누군가는 그런 나를 보면서 '와, 빠르다'라고 이야기한다. 결국 속도는 상대적이다. 우리는 모두 각자의 속도로 걷고 있을 뿐이다. 생각해 보자.

　'빠른 게 최고일까?'
　'누구보다 빠른 그 사람은 행복할까?'
　'그 사람은 어딜 향해 달리고 있는 걸까?'

　당신이 세계에서 가장 빠른 슈퍼카 중 한 대인 람보르기니 아벤타도르를 타고 있다고 상상해 보자. 시동을 걸고 2.9초 만에 시속 100km에 도달한 당신은 아벤타도르의 최고 속력 355km/h을 마음껏 뽐내며 도로를 질주하고 있다.

　그런데 안타깝게도 당신은 당신이 달리고 있는 그 길

이 벼랑 끝으로 이어져 있다는 것을 알지 못한다. 아직 공사가 한창 진행 중인 그 고가도로는 낭떠러지를 향해 달리고 있다.

 내가 달리고 있는 방향과 그 끝이 어디인지 모르면, 당신의 빠른 속도는 오히려 독이 된다. 잘못된 길의 끝에는 '추락'만이 기다리고 있기 때문이다.

 '인생에서 중요한 건 속도가 아니라 방향이다.'

 "목적이 없으면 이룰 수 없다.
  목적하는 항구의 방향을 모르는 배는
  만나게 되는 모든 바람이 역풍일 테니까."
-세네카-

 '레잇 블루머(Late Bloomer)'라는 말이 있다. 굳이 한글로 번역하자면, "늦게 피우는 사람"이다. 사자성어로는 '대기만성(大器晚成)'이라고 하겠다. '큰 그릇은 늦게 이루어진다는 뜻으로, 크게 될 사람은 늦게라도 성공한다'라는 말인 동시에 '큰 사람이 되기 위해서는 많은 노력과 시간이 필요하다'는 뜻이다.

나는 20대 때부터 나 스스로 남들보다 조금씩 늦는 사람이라고 생각했다. 그래서 더 Late Bloomer라는 말이 좋았다.

초등학교에 입학할 때 나는 내 이름 석 자만 쓸 줄 알았다. 하고 싶은 것도 늦게 찾았고, 군대도 늦게 갔다. 대학도 3군데를 다니느라 졸업이 늦었다. 직장도 20대에만 3번을 바꿨다. 그리고 30대가 된 나는 이제 그림 그리고 글 쓰는 작가가 되기를 꿈꾸고 있다.

우리는 깨달아야 한다. 우리 모두에게 주어진 각자의 때가 다르다는 것을 말이다.

남들에 비해 내가 너무 느린 것 같을 때, 걱정하지말고 내게 주어진 일에 최선을 다하자. 때가 주어진다는 것을 믿고 내 목표를 잃지 않으면, 우리는 분명히 꿈을 이루는 그 순간에 다다르게 된다.

'준비된 자에게 기회는 반드시 온다'
'준비되지 못하면 찾아온 기회가 기회인지 모른다'

35: 담배가 피우고 싶을 때

'나는 왜 담배가 피우고 싶은 걸까?' 나는 스무 살이 되고 담배를 배웠다. 사실 고등학교 때도 친구들에게 꿀리지 않으려고 몇 번 담배를 피우는 '척'했다. 그러나 대학에 가서 내가 담배를 피울 거라고는 스스로도 생각하지 못했다. 독실한 기독교 가정에서 자랐기에, 담뱃갑은 물론 술병이 어떻게 생겼는지 몰랐다. 10대가 되고 PC방이나 노래방에서 담배를 피우는 친구들이 있었지만, 굳이 같이 필 생각은 하지 않았다.

'난 오늘부터 담배를 피워야겠어'라고 생각하고 담배를 피우기 시작하는 사람이 있을까? 대부분 주변에 담배를 피우는 사람이 생기면서 자연스럽게 담배를 배우게 된다. 나도 대학에 입학해서 흡연자인 친구를 만나고 담배를 피우게 되었다.

대학 기숙사에서 친하게 어울리게 된 친구가 있었다.

친구는 담배를 엄청나게 피웠다. 하루에 한 갑은 피웠다. 골초라고 욕을 하면서도 항상 같이 다녔다. 자연스럽게 수업 들어가기 전에, 밥 먹고 나서. 밤새 게임을 하다가, 또 밤새 공부를 하다가 담배를 피우는 친구 옆에 멀뚱멀뚱 서 있는 시간이 많아졌다. 주변 사람들은 그 친구와 맨날 붙어 다니는 나를 당연히 흡연자라고 생각하기 시작했다. 녀석은 언제부터인가 내 가방이나 기숙사 방에 담배 한 보루를 몰래 넣어뒀다.

몇 달 후, 자연스럽게 담배에 불을 붙이고 있는 나를 발견했다. 이래서 20대 시절, 누구와 어울리는 지가 정말 중요하다. 물론 그 친구는 인간적으로 참 괜찮고 배울 점도 있는 친구였다.

담배를 피우면 시간이 잘 갔다. 담배를 피우는 사람들과 쉽게 친해진다. 밤샘 공부를 할 때나 밤늦게까지 아르바이트를 할 때 리프레시(Refresh) 되는 것 '만' 같았다. 그렇게 흡연자가 되고 틈만 나면 담배를 피우니까, 담배를 못 피고 어느 정도 지났을 때 '담배 피우고 싶다'라는 생각이 드는 정도가 됐다.

지금은 '노담'에 성공한지 오래됐다. 피운 것도 끊은 것도 내 선택이었지만, 나는 끊길 잘했다고 생각한다. 담배를 피우기 시작하고 1년 후 처음 스스로 금연을 시도했다. 전문가의 소견에 따르면, 담배를 끊었다는 기준은 최소 1년은 입에 대지 않아야 한다고 한다. 나는 금연을 여러 번 시도했고 담배를 '끊은 것'은 군 제대 후다. 지금은 애초에 입에 대질 않았다면 좋았겠다고 생각한다.

　아무튼 담배를 끊어야겠다고 생각한 이유는 첫 번째, 내가 운동을 너무 사랑하기 때문이었다. 나는 월수금은 농구를 하고 화목토일은 축구를 할 정도로 대학시절에 축구, 농구에 미쳐 살았었다. 그래서 운동을 하는데 담배를 피우니까 오래 뛰는 데 힘들고 안 좋은 것 같아서 끊어 버렸다.

　두 번째는 훗날 나와 함께 2세를 낳고 미래를 함께 하게 될 아내에게, 내 배우자와 자녀를 생각하니 끊어야겠다고 결심을 할 수 있었다.

　세 번째는 종교적인 이유인데, 내 몸 자체가 하나님을 모시는 성전이자 건강하게 유지해야 하는 것이 당연하다고 생각해서 술, 담배를 멀리하자는 초심을 지키고자 담배를 끊었다. 30대가 된 지금도 담배는 아예 입에 대지 않고 알콜은 일 년에 마시는 날이 열 손가락 이내다.

대학 때 배웠던 담배를 잠깐 끊었다가 군대라는 벽 앞에서 무척이나 흔들렸던 기억이 있다. 20대 남자에게는 피할 수 없는 군대! 담배를 이야기 하면서 군대를 빼놓을 수 없다. 나는 군대에 가서 다시 담배를 입에 댔다. 그러나 내가 군대에서 담배를 피운 것을 본 사람은 그리 많지 않다. 같이 군 복무를 한 친구가 이 글을 본다면 언제 담배 피웠냐고 물을 수도 있다.

군대를 다녀온 사람들이라면 알겠지만, 군대에서는 담배를 피우지 않는 사람을 따돌리는 비이상적인 문화가 있다. 부사관들이 병사들을 데리고 일과(막노동)를 하다가 '야 잠깐 담배 한 대 피우자' 면서 담배 브레이크(혹은 담.타.)를 갖고는 하는데, 담배를 안 피우는 병사들에게는 '너네는 계속해' 라는 진심 병맛같은 일을 자행하고는 한다. 또한 매일 저녁 일과 외 개인정비 시간, 아직 10대의 때를 벗지 못한 철딱서니 없는 녀석들이 흡연구역에 모여 험담의 향연을 펼친다. 주로 마음에 들지 않는 후임들 욕을 하는데, 집합으로 이어지는 일들이 빈번하게 일어난다.

대부분 흡연자들이 만드는 부조리인데, 밖에선 담배를 피우지 않던 순한 녀석들도 이내 담배 하나 달라고 한다. 나는 그런 모습에 약이 올랐고 반골 기질이 솟아났다. 나는 일부러 담배를 안 피운다고 했고 술도 마시지 않는다고 했다.

군대는 타인을 무력으로 제압 또는 살상하는 기술을 배우는 곳이다. 그곳에선 군기를 잡는다는 명목하에 어느 정도의 폭력은 묵인되고 부대마다 그들만의 정해진 비공식적 규율과 분위기가 있다. 내가 배치된 '자대'에서 2년이라는 시간을 함께 보내야 하는 20대 초반의 미성숙한 많은 남자들에게 술, 담배는 중요한 소통 도구이자 연결 도구로 사용된다.

내가 군대에서 담배를 피운 것은 선임의 가혹행위로 괴로워하던 동기의 이야기를 들었을 때, 관심병사인 동기에게 폭력을 행사한 선임과 갈등을 겪을 때, 그를 영창에 보내게 됐을 때, 29박 30일 호국훈련 그리고 이어진 혹한기 훈련을 받을 때였다. 자세한 이야기는 줄인다.

나는 이제 담배를 끊었다고 당당히 말할 수 있다. 담배는 백해무익이다. 몸과 마음 그리고 정신 건강에 좋을 것이 하나도 없다. 그래서 그런지 아이러니하게도 백해무익한 담배는 중독성이 있어 한 번 피우면 자꾸 찾게 된다. 그러다가 어느새 그것에 의지하게 된다. 몸과 마음이 힘들 때, 아플 때, 슬플 때, 고민될 때, 심지어 기쁠 때도 계속 담배를 찾는다.

더 웃기는 것은 담배와 알콜은 절친 사이라는 사실이다. 담배를 피우면 술이 '당기고', 술을 마시면 담배가 '당긴다.' 그래서 담배를 끊으려고 노력할 때는 술도 멀리해야 한다.

나는 최근 보건복지부에서 선보인 금연 광고를 좋아한다. '담배는 No 답, 나는 No 담!' 짧은 문구가 기억에 남는다. 학생들이 손을 쭉 뻗어 노담이라고 당당히 선포하는 듯한 모습이 '참 멋지다'라고 생각했다.

'담배가 피우고 싶을 때'를 이야기하려다가 군대 이야기로 빠져서 엄청난 사족을 달았다. 20대 초반의 대한민국 남자들이 군대를 기점으로 담배를 배우는 일이 줄어들기를 바라는 마음이다. ROK ARMY(대한민국 국군)

복무 여건이 여전히 외국의 교도소 수감자들보다 못하다는 우스갯 소리가 있으니 안타깝다. 군대에서의 2년은 참 힘들고 가혹하지만, 동시에 담배를 향한 자신의 가치관을 설정하고 '자기 소신'도 시험해 볼 수 있는 좋은 기회의 시간이기도 하다.

결국 내가 하고 싶은 말은 남자든 여자든 담배가 피우고 싶은 20대에게는 '담배는 입에 처음부터 한 번도 대지 않은 사람이 승자'라고 얘기해 주고 싶다. 이미 담배를 태우고 있는 '애연가'라면 조금씩 줄여보기를 조심스럽게 추천해 본다.

담배는 기호식품이란 명목하에 매년 전 세계 800만 명, 대한민국에서는 6만 2천 명을 죽음으로 몰아넣고 있다. 30여 종의 암, 뇌혈관질환과 심근경색, 폐를 손상시킨다. 60여 종의 모든 발암물질과 독성물질들을 차치하고 '니코틴과 헤로인'만으로도 코카인보다 강력한 중독을 일으킨다. 한마디로 흡연은 조금씩 자신을 죽이는 자살행위다.

"나는 20대 청춘인 네가 노담이면 좋겠다."

36: 자꾸만 욕을 하게 될 때

 자꾸만 욕을 하는 사람은 마음에 화가 많다. 화가 많으면 타인을 바라보는 잣대가 엄격해지고 이는 결국 인간관계를 꼬이게 만드는 씨앗이 된다. 욕쟁이는 쓸쓸하다. 욕쟁이에게는 골치 아픈 일들이 끊이지 않고, 욕쟁이는 감사할 줄 모르니 존경받지도 존중받지도 못한다.

 내 마음을 다스릴 줄 아는 사람은 욕을 하지 않는다. '나 혼자 하는 욕이야, 신경 쓰지 마.' 아니, 이 세상에 혼자 하는 욕은 없다. '욕(辱) : 남의 인격을 무시하는 모욕적인 말. 또는 남을 저주하는 말'이다. 욕은 남을 무시할 때 비하할 때 쓰는 것이다. 욕은 그 태생에 남을 끌어들이게 되어 있는 것이다.

 욕은 습관이 된다. 어느 순간엔 욕인지도 모르고 사용하고 욕을 쓰지 않으면 언어적 의사소통에 장애를 겪는 지경에 이른다.

욕을 할 때, 주변에 다른 사람이 없는 경우는 거의 없다. 오히려 사람들은 주변 사람들이 들으라고 욕을 한다. 욕을 듣는 사람 중에 기분 좋은 사람이 있을까? 똑똑하거나 욕을 하지 않는 좋은 사람들은 곧 곁을 떠난다. 불평불만쟁이, 욕쟁이를 옆에 두고 싶은 사람은 없다. 그 욕이 나를 향하지 말라는 법은 없으니까. 그래서 사람들은 아니 이 세상은 긍정적인 사람, 에너제틱 한 사람을 좋아하고 만나고 싶어 하고 곁에 두고 싶어 한다.

  특별히, 사람들은 남의 험담을 할 때 욕을 많이 쓰는데, 험담 그 자체가 욕이기도 하다. 악성 댓글보다 무서운 파괴성이 있는 것이 우리 입에서 나오는 욕이다. '우리끼리 하는 이야기야, 비밀이야' 라고 말하지만 세상에 비밀은 없다. 남의 욕일수록 더 멀리 더 빨리 퍼져 나간다. 앞에서 하지 못할 말은 뒤에서 하지 않는 것이 현명하다.

  20대 청춘, '자꾸만 욕을 하게 될 때'. 욕을 할 바에는 입을 굳게 다물어라. 내 옆에 사람들이 모여 남의 욕을 하기 시작한다면, 고개도 절대 까딱하지 말고 그 자리를 신속히 도망가자.
  "36계 줄행랑!"

# 37: 내 인생이 너무 심심하게 느껴질 때

인생이 다람쥐 쳇바퀴 돌 듯이 너무 심심하고 단조롭다고 느껴진다면 자기 스스로 재미있는 이야기 꾼이 되어야 한다. 이야기 꾼은 매일 똑같아 보이는 일상도 매일 다채로운 소중한 가치와 의미들로 활력을 불어 넣는다.

내 인생이 너무 심심하게 느껴질 때, 나는 20대 당신에게 '마이크로 산책'과 '영화 두 편'을 추천하고 싶다.

미국 뉴욕시티와 브루클린 도심에서 처음 시작된 '마이크로 산책'은 심심하고 단조롭다고 생각한 내 일상에 새로운 시각을 제시한다. 매일 똑같은 출퇴근길 혹은 눈 감고도 걸어 다니는 집 앞 작은 골목을 평소보다 더 천천히 여유있게 산책하는 것이다. 특별히 다른 어딘가로 가기 위해 지나치는 것이 아니라 그 길을 온전히 살피고 즐기는 것이다. 매일 걷던 길도 자세히 들여다보면, 이전에는 느끼지 못했던 것들을 발견하고 깨닫게 된다. 계절이 바뀌는 바람 냄새. 새로 생긴 벤치와 카페. 길고양이가 쉬어가는 돌담, 거리의 뮤지션들이 연주하는 음악소리, 동네 아이들이 재잘거리는 웃음소리 말이다. 제일 잘 알고 있다고 생각하는 길에서 지금까지 전혀 알지 못했던 새로운 것들을 배운다.

영화 '인생은 아름다워(Life is Beautiful)'는 세계 2차대전 당시 독일군에 의해 수용소에 갇힌 유대인가족의 이야기가 담겨있다. 주인공 귀도는 어린 아들 조수아를 위해 끔찍한 나치 수용소 생활을 재미있는 서바이벌 게임이라고 이야기 해준다. 수용소 생활을 잘하는 사람에게는 매일 상점과 벌점이 주어지는 데, 상점 1,000점을 먼저 달성하는 우승자에게 진짜 탱크가 선물로 주어진다는 것이다. 조수아는 엄마가 보고 싶어도, 배가 고파도, 아빠와 떨어져도 꿋꿋이 참고 이겨냈다. 조수아는 결국 수용소를 나와 탱크에 오른다.

아버지 귀도의 지혜로운 이야기와 삶을 대하는 긍정적인 태도는 조수아를 무자비한 나치 수용소 생활에서 구해냈다. 조수아는 아버지와의 시간을 눈부시게 아름다웠던 인생의 한 챕터로 기억했다.

고등학교 시절, 선생님 한 분이 정말 좋은 영화라며 어떤 DVD를 틀어주셨다. 그런데 그때 나는 '빅피쉬(Big Fish)' 큰 물고기라는 영화 제목도 마음에 들지 않았고, 앨라배마 주에 사는 거대한 물고기 이야기라는 도입부도 정말 별로였다. 나는 한강공원을 뛰어다니는 봉준호 감독의 영화 '괴물' 같은 '괴수 판타지 영화'를 상상했던 것 같다. 안타깝게도 나는 곧 'Big Fish'를 꺼버리고 옆에 있던 '기사 윌리엄'을 신나게 봤다.

팀 버튼 감독 특유의 잔잔한 감성과 깊은 철학을 그때에 나는 전혀 이해하지 못했고 이해하려고도 안 했다. 그때에 나는 '태극기 휘날리며' 그리고 '친구'를 감명 깊게 봤다. '친구'의 마지막 장면에서 장동건이 부하의 칼에 몇 번 찔리는지 친구들과 내기하던 시절이다.

그렇게 시간이 지나고 대학생이 된 나는 우연치 않은 기회에 '빅피쉬'를 다시 보게 됐다. 거대한 물고기 영화라고만 알았는데, 사실 이 영화가 아름다운 사랑 이야기라는 것을 뒤늦게 깨달았다. 그것도 세상 가장 애틋한 아버지와 아들의 사랑 이야기 말이다.

아버지 에드워드 블룸은 대단한 이야기꾼이었다. 그의 이야기는 위대했지만, 아들 윌 블룸은 그런 아버지의 이야기가 싫었다. 아버지의 이야기가 거짓되고 허황된다고만 생각했다. 감정의 골은 더 깊어졌고 무려 3년이라는 시간 동안 부자는 대화를 하지 않는다. 사실, 윌은 아버지의 관심과 사랑에 갈급했다.

어려서부터 경이로운 아버지의 모험담을 듣고 자란 윌은 오히려 아버지의 이야기를 듣고 평범하고 초라한 자신을 비교한 것이다. 아버지처럼 위대하고 굉장한 삶은 아니었지만, 윌도 아버지에게 들려주고 싶은 자기만의 소중하고 진실된 이야기가 있었다. 오랜 오해와 미움의 씨앗은 다시 한번 아버지의 이야기를 통해 아름다운 사랑으로 치유되었다.

아들 윌 블룸이 아버지 에드워드 블룸을 휠체어에 태우고 병원을 탈출하는 장면에서 나는 정말 큰 감동을 받았고 주체할 수 없는 눈물을 쏟았다. 아들은 결국 노쇠한 아버지가 '이야기'를 통해 자신의 인생을 더욱 풍요롭고 다채롭게 만들었다는 사실을 깨달은 것이다. 아버지는 자기가 만난 모든 사람들을 아름답고 행복하게 추억하며 행복을 영위하는 지혜로운 사람이었다.

다시 만난, Big Fish의 엔딩 크레딧을 본 나는 생각했다. 훗날 내 자식에게 들려줄 수 있는 나의 이야기는 무엇일까. 나도 내 자식에게 아름답고 풍성한 이야기를 들려주고 싶다. 그리고 훗날 내 자식이 만들어갈 이야기의 가장 열렬한 팬이 되겠다고 다짐했다.

20대 청춘, 인생이 너무 심심하게 느껴질 때는 새로운 시각을 구하고 나만의 이야기를 만들어 가자.

나의 삶을 풍성하게 만드는 것은 나 자신이다. 내가 어떤 이야기를 만들어 가는지에 따라 내 인생은 결정된다. 우리 모두는 분명 삶을 재미있게 만들어갈 능력을 가지고 있다. 우리가 우리 인생을 열심히 가꾸고 소중히 여길수록. 우리는 더 아름답고 가치 있는 인생을 살게 된다.

1. 나는 누구지?
2. 나는 왜 살지?
3. 나는 무엇을 위해 살고 싶지?

답은 바로 당신 안에 있다. 당신이 말한 답이 정답이다. 이 질문들에 대한 똑같은 답은 세상에 없기 때문이다. 당신이 말한 대답이 당신이고 당신의 인생이다.

걱정말고 스스로에게 열심히 묻고 답을 구하길 반복하면 우리 인생은 심심할 겨를이 없다.

'잉어는 작은 어항에서 자라면 더 이상 성장하지 않고 작은 크기를 유지하지만, 큰 연못에 풀어두면 더 큰 잉어로 성장하게 된다.'

-영화 〈빅 피쉬〉 中-

38: 하루종일 아무일도 안하고 지나갈 때

 나는 소설을 잘 읽지 않는 편인데, 그래도 좋아하는 작가가 몇 명 있다. 그중에 한 명이 '에쿠니 가오리'다. 당신이 오늘, 하루 종일 아무것도 하지 않고 보내고 있다면, 그녀의 책 '마미야 형제'를 읽어보길 추천한다.

 마미야 형제에게는 아무 일도 안 하고 지나가는 하루가 없다. 재미없는 하루도 없다. 매일 즐겁고 매일 바쁘다.

 월요일은 선선한 저녁 바람을 맞으며 차 한 잔과 함께 독서를 즐기는 날, 화요일은 스포츠 중계를 함께 보는 날, 수요일은 영화를 감상하는 날, 목요일은 음악 감상, 금요일은 함께 직소 퍼즐을 맞추는 날, 토요일은 비디오 게임을 하는 날(정확한 내용은 기억이 안 나서 임의로 적었다)이다.

 이 외에 각종 모형 만들기, 저녁 외식을 겸한 산책하는 날 등등, 이들 형제에게는 매일이 즐거운 일로 가득하다.

집 앞 슈퍼를 다녀오는 길도 마미야 형제에게는 함께 걷는 즐거운 소풍이자 동시에 계절의 변화를 느끼는 소중한 시간이다.

마미야 형제의 일상을 읽고 있노라면 소소한 일상의 즐거움을 완벽하게 만끽하며 살아가는 두 사람에게서 금세 위안과 용기를 얻게 된다. 재미없는 일상을 단숨에 재미있는 것으로 만들어 버리는, 자신 안에서 행복을 이끌어 가는 그들이다.

하루 종일 아무 일도 안 하고 지나갈 때, 지금 내가 그냥 흘러내려버린 이 하루가, 누군가에게는 너무나 바라고 기대하던 하루였고 미친 듯이 살고 싶었던 하루였다는 것을 생각해 봐야 한다. 지금 이 시간에도 많은 사람들이 오늘 하루를 의미 없이 보내지 않기 위해 노력하고 있다. 집 앞 공원을 뛰거나 헬스장을 찾는다. 침대로 가기 전 잠시 책상에 앉아 오늘을 일기장에 기록한다.

오늘 하루는 내 인생 가장 젊은 날이다.
그리고 절대 다시 돌아오지 않을 하루다.

39: 자꾸만 시간을 아슬아슬하게 지킬 때

'Time is Gold!' 시간은 금이라는 말은 괜히 하는 말이 아니다. 동서고금을 막론하고 모든 이가 사랑하고 가슴에 새기는 진리 중의 진리다.

당신이 자꾸만 약속된 시간을 아슬아슬하게 지키거나 조금씩 늦는다면, 스스로의 정신건강을 위해서라도 하루빨리 시간을 금덩이로 여기는 자세를 마음에 새겨야 한다. 시간을 아슬아슬하게 지키는 것은 결국 지금 내가 세상 가장 어리석고 안타까운 습관에 물들어 가고 있는 것이다.

1분 1초로 달라지는 것이 우리 삶이고 우리 운명이다. 우리는 매일 순간의 선택 앞에 서기 때문이다. 20대 때부터 선택하게 되는 그 빈번한 1분 1초의 선택과 시간을 소중히 여기는 사람이 승리의 여신 니케(Nike)의 지목을 받고 자기 삶의 온전한 주인이 된다.

1분 1초를 소중히 하는 사람은 시간을 박하게 쓰지 않는다. 그들은 누구보다 여유 있게 시간을 쓰는 사람이다. 시간을 여유 있게 쓰기 위해서는 지금 주어진 시간에 해야 하는 것을 미루지 않고 당장 해야 한다. 우리는 그것이 얼마나 어려운 것인지 잘 안다.

대학원 시절, 글쓰기 모임에서 만난 동생이 있다. 나는 그를 '두 잇 나우'이라고 불렀다. 그의 모든 SNS에 적혀 있던 구절 때문이었다.

'Do it Now!'

참 지혜롭다 생각했다. 무엇이든 나중에 가 아닌 지금 당장, 두 잇 나우! 아니 두잇라잇나우! 나는 SNS에 적혀 있던 문구를 봤지만, 아마도 그는 그의 손이 닿는 모든 곳에 이 글을 새기고 리마인드했을 것이다.

나는 실제로 그가 자기의 좌우명을 몸소 실천하는 것을 목격했다. 1분 1초를 소중히 하던 동생은 우리가 만난 다음 해에 '국민추천포상 국무총리 표창'을 받았다. 그리고 몇 년 후엔 '대통령 직속 국가교육회의 청년특별위원

회 청년자문 위원'을 맡았다. 하루하루를 소중하게 사용하니, 내일이 기대되는 삶을 산다.

사람들은 예상치 못한 난감한 일을 맞닥들였을 때, '운명이 참 얄궂다'고 말한다. 하지만 정말 그럴까?

운명은 바뀔 수 있다. 정해진 운명은 없다. 매일매일 우리가 결정하는 선택들이 우리의 운명을 만든다.

'Everythig Happens for a Reason'

모든 일이 일어나는 데에는 그에 따른 이유가 있다. 하루를 순간을 지혜롭게 쓰면 운명이라는 잔혹한 녀석과의 애꿎은 전쟁을 벌일 일이 없다는 것이다.

20대 청춘, 자꾸만 시간을 아슬아슬하게 지키고 있다면, 빨리 잘못된 습관을 끊어낼 수 있도록 노력하자. 쉽지 않겠지만, 잊지 않도록 자신을 계속 점검하자.

40: 물건을 버리지 못할 때

　NETFLIX에서 'Tidying up with Marie Kondo'라는 프로를 재미있게 봤다. 한국어로 '곤도 마리에: 설레지 않으면 버려라'라는 제목의 이 프로는 '정리 전문가'인 곤도 마리에라는 사람이 물건에 미련이 많은 사람들의 집을 방문해 오래된 물건들을 과감히 버리도록 돕는다.

　삶의 기쁨과 행복을 맛보고 싶다면 정리하는 법을 배워야 한다고 말하는 그녀의 정리 정돈은 친절하지만 정말 진지해서 매 에피소드가 마치 하나의 숭고한 의식과 같다. 그녀의 책 '인생이 빛나는 정리의 마법'은 일본에서 135만 부가 팔렸고, 한국에서도 꽤 유행했다. 2020년엔 '정리의 기술', '정리의 힘'을 출판했다.

　물건을 버리지 못하고 있다면, 일본, 한국, 미국은 물론 전 세계가 열광한 곤도 마리에의 마법 같은 정리정돈법을 시청해 보길 추천한다.

우리나라에도 비슷한 콘텐츠들이 최근에 방영됐다. 2020년 tvN에서 방영한 '신박한 정리'를 추천한다.

나 역시 20대에 누구보다 내 물건을 아끼고 잘 관리하는 사람이었다. 종종 아끼던 물건이나 새로 산 물건을 잃어버려서 무척이나 슬퍼한 기억이 있는데, 지금 생각해 보면 세상 가장 미련한 짓이었다. 잠시 마음은 상하겠지만, '물건은 결국 물건일 뿐이다.' 물건은 계속 새롭고 더 좋은 것이 나온다. 쓰지도 않는 물건에 미련을 갖고 버리지 못하면 그 위에 물 쌓이고 쌓인 물건이 내 눈을 가린다.

'공수래공수거' 빈손으로 와서 빈손으로 가는 것이 인간이다. 비울 수 있을 때, 비로소 내게 정말 중요한 것 그리고 꼭 필요한 것을 구분할 수 있다. 썩어져 없어질 물질의 노예가 아닌, 본질을 추구하는 삶의 주인이 되길 응원한다.

'뭐든 비워내야 새로운 것이 채워진다'

-제5장-

'이제부터 힘내자'

41: 스펙이 없어 고민일 때

앞선 주제에서 물질의 노예가 되지 말자고 했지만, 사실 20대에는 물질보다 '스펙의 노예'가 되는 것이 현실적인 문제다. 스펙 사회 대한민국은 입시지옥에서 해방된 20대 청춘을 끝없는 스펙의 늪으로 빠뜨린다. 아니 이제 입시지옥에서도 스펙 쌓기는 필수 항목이 된지 오래인 것이 슬픈 현실이다. 여담이지만 나는 2025년 시행된다는 고교학점제에 작은 희망을 걸어본다.

'스펙이 없어서 고민일 때, 스토리에 집중해라.'

20대 청춘, 만약 당신이 지금 남들 다 있는 스펙이 없어서 고민이라면, 나는 당신이 남에게는 없는 나만의 스토리로 무장될 수 있기를 소망한다. 스펙으로 규정되는 사람이나 삶이 되지 않았으면 한다. 남이 가질 수 없는 내 이야기로 세상에 하나뿐인 삶 그리고 사람이 되자. 세상에 이런저런 스펙은 있어도 자신만의 스토리가 없는 사람이 더 많다. 아마도 과반 이상일 것 같다. 이책을 읽은 독자들은 꼭 20대에 자신만의 스토리를 고민해 보고 정체성을 정립해 볼 수 있다면 좋겠다.

남이 추천해 준 대로 남이 보기에 좋아 보이는 대로 스펙을 쌓은 사람의 인생은 평이하다. 뻔하다는 것이다. 남들이 정해 준 대로 뻔한 인생을 살려고 태어난 사람이 어디 있을까?

스펙은 남이 부여해 주는 명칭이지만, 스토리는 내가 나에게 부여하는 가치다. 스펙은 종이에 잉크로 쓰이지만, 스토리는 내 삶에 경험으로 쓰인다. 스펙은 남에게 평가받기 위한 사람들에게 필요하지만, 스토리는 세상에 나를 들려주기 위한 사람들이 필요로 한다.

스토리가 있는 사람은 자기 자신에게 확신과 믿음이 있는 사람이다. 그래서 스토리가 있는 사람이 스펙 있는 사람을 압도할 수 있다. 자신의 스토리에 대한 신념을 가져라. 믿는 사람에게 불가능한 일은 없다.

스펙에 대한 스트레스를 내려놓고 높은 자존감과 긍정적인 마음자세로 나만의 스토리에 집중해 보자.

42: 선택의 기로에서 결정을 못할 때

'Life is C between B and D'

인생은 선택의 연속이라는 말이 있다. 인생은 Birth(탄생)와 Death(죽음) 사이의 Choice(선택)라는 뜻이다. 20대 사이에서 스스로 '나, 선택 장애 있잖아'라는 신조어가 유행인 때가 있었다. 대개 음식이나 물건을 고를 때, 선택이나 결정을 내리지 못해 생기는 찰나의 어색함을 해소하고자 우스갯소리로 사용한다.

'선택'에 굳이 '장애'를 더해 사용하는 이 말을 사용하는 것이 듣기 불편한 1인으로서, 선택의 기로에서 결정을 못 하는 당신에게 이렇게 전하고 싶다.

'BURN YOUR BRIDGE'
'다리를 불태워라'

다리를 불태우라고 직역했지만, 우리는 이 말의 의미를 '배수진을 쳐라'라고 많이 알고 있다. 적과 싸울 때에 강이나 바다를 뒤에 두고 싸운다는 말이다. 다시 말해, 돌이킬 수 없는 싸움을 하라는 것인데, 이순신 장군이 남긴 명언 '필사즉생 필생즉사; 죽고자 하면 살고 살고자 하면 죽는다'라는 말과 궤를 같이 한다.

사는 게 전쟁과도 같다고 하지만, 내가 굳이 이 말을 지금 하는 이유는 선택의 기로에서 결정을 못 하는 20대 청춘들은 대개 가지고 있는 옵션, 즉 선택의 기로가 너무 많아서다. 옵션이 많으면 내가 내린 선택이 나중에 나를 후회하게 하지 않을까 걱정하게 하고 결정하지 못하게 된다.

선택의 기로에서 결정을 못 하고 있는 20대 청춘에게 필요한 것은 '뒤를 돌아보지 않겠다는 의지', '후회하지 않겠다는 단호함', '이것뿐이다는 절심함'이다. 이외에 다른 차선책은 머릿속에서 깔끔히 잊어버리자. 분명 지금 당신이 내린 선택은 최선의 선택이었다. 선택 후 목표를 달성할 수 있을지는 이제 나의 지나간 선택이 아닌 끊임없는 노력에 달렸다.

43: 돈을 빌려주고 못 받았을 때

이유를 막론하고 돈을 빌려줬다가 못 받고 있을 때는 '돈 갚으라'라고 당당히 요구해야 한다. 갚으라는 말을 못 하는 사람이 은근히 있는데, 선의를 베푼 당신은 돈을 돌려받을 권리가 있다. 아니, 돌려받아야만 한다. 말로 하기 힘들면 문자나 SNS 메시지로 '돈 갚아' 세 글자만 남기자. 그다음엔 일주일간 조용히 기다리는 거다.

빌려 간 돈을 갚을 사람은 분명 갚겠다는 의지를 보인다. 그런데 돈 빌린 사람이 아무 반응이 없다면 다음 수단을 써야 한다. 돈을 빌려줄 때 증거로 '각서'나 '차용증'을 써놨다면 최고지만, 그렇지 못했을 경우가 많다. 이제 주변인들에게 이를 공론화 시키자. 나쁜 놈이라고 험담 욕하라는 것은 아니다.

'내가 그 친구한테 돈을 빌려줬는데, 연락도 없어서 걱정이네' 정도로 알려라. 그 후엔 더 이상 연연치 말고 잊어버려라. 그리고 그 사람과의 인연도 잊어버려라.

간사한 사람의 마음은 종종 이성의 끈을 놓게 만든다. 화장실 들어가기 전과 나오고 나서의 마음이 다르듯이 돈 빌려 가기 전과 빌려 간 후의 사람 마음이 참 다르다. 사람은 미워하지 말되, 그들 안에 심어져 있는 욕심 그리고 나태를 경계해라.

나도 20대 시절에 돈을 빌려주고 못 받은 경험이 있다. 그러나 그 돈 때문에 스트레스 받지는 않았다. 애초에 돌려받을 생각이 없었기 때문이다. 지인과 절대 돈거래를 하지 않겠다는 철칙 아래 그를 돕는다는 생각으로 돌려받지 못해도 감당할 수 있는 금액만 빌려준다. 내가 다시 돌려받으려고 했다면, 법적 효력이 있는 문서 형태의 계약서를 작성했을 것이다.

빌려주는 돈이 100원이든지 100만 원이든지 돈을 건네면 채권자와 채무자의 관계가 체결된다. 그래서 돈을 빌린다는 것은 돈거래 너머의 의미를 가진다. 돈을 빌려 간 사람은 단순히 얼마만큼의 돈을 빌렸다고 생각하지만, 사실 그는 내게 자기 전부를 담보로 맡긴 것과 같다. 그 전부는 '삶의 진정성'이자 인간 대 인간의 '진실성'이다. 가까운 사이일수록 돈거래에는 철저히 하자.

44: 내 월급이 너무 적다고 생각될 때

  모든 직장인의 관심사는 월급이다. 슬프지만 자본주의 사회를 살아가는 직장인은 자기 자신의 가치가 '월급'으로 판단된다. 그래서 다들 남의 월급이 궁금하고 내 월급은 합당한지 궁금하다. 사회생활 선배로서 조언하면 직장 동료의 월급은 궁금해하지도 말고 묻지도 말자. 정 궁금하면 잡코리아나 잡플래닛에 들어가서 우리 회사의 평균적인 연봉을 확인하자. 동료 중에 사적으로 친해진 사람이 만약 있다고 해도, 월급을 서로 오픈하는 순간 둘의 사이는 급속도로 냉각될 수 있다.

  내가 하고 있는 일과 나의 가치에 비해 내 월급이 낮게 책정됐다고 생각하면, 다음 연봉협상(계약서 작성) 일까지 이전보다 두 배로 더 열심히 진심을 다해 일하자. 연봉(월급)을 따져보기 전에 대우받고 싶은 만큼 회사에 최선을 다해 헌신하고 수고하는 사람이 되자는 것이다. 그래야 내 말에 스스로 확신이 생기고 듣는 이가 납득하게 된다.

 월급이 많고 적음을 재보기 전에 내가 하고 있는 일이 가지는 의미와 비전을 생각해 보자. 내 월급이 너무 적다고 생각될 때는 나를 성장시킬 기회일 수 있다. 내가 받고 있는 월급 그 이상의 최선을 정말 다하고 있는지 스스로 묻는 시간이 필요하다.

 그렇게 다음 연봉협상 일이 돌아오면, 솔직한 심정을 회사에 정식으로 밝히고 공손한 어필을 해라. 지금까지 이 회사에 입사해서 내가 이룬 업무성과를 잘 정리해서 피력해야 한다.

 다시 말하지만, 사회인은 몸값으로 능력을 인정받는다. 다음 연봉협상 일이 너무 멀어서 엄두가 안날 수 있다. 혹은 정식으로 어필을 했는데, 그에 대한 화답이 없거나 오히려 괄시나 멸시를 받을 수도 있다. 그렇다면 나는 20대 청춘 당신에게 당장 직장을 그만둘 것을 추천한다. 다른 길을 찾아야 한다. 이직을 하거나 퇴사하자. 새로운 일에 도전하기에 얼마든지 늦지 않은 당신은 20대 청춘이다.

45: 내 첫인상이 차가워서 고민일 때

　나는 어려서부터 첫인상이 차갑다는 말을 많이 들었다. 그로 인한 많은 우여곡절도 겪었다. 심지어 아내는 내 첫인상이 '날라리 상'이라고 했다. 아무래도 내 눈매가 남들보다 많이 올라가 있어서 그랬던 것 같다. 중학교에 입학할 때 즈음, 아버지께서는 내게 '항상 마음을 착하게 써라'라고 말씀하셨다. 푸근한 마음을 가지라고 말이다. 그래야 눈꼬리가 내려간다고 하셨다.

　그럴 때마다 나는 생각했다. '아버지, 세상 사람들은 다 알아요. 아들은 아버지를 닮는다는걸.' 다행히 나는 내 인상이 차갑다는 사실을 빨리 깨달아 알았다. 그래서 나는 더 언행을 조심하고 무표정을 짓기보다 미소를 지으려고 노력했다.

　'하나님, 별로 따뜻하지 못한 첫인상을 주심에도 감사합니다.' 겸손함과 한결같음으로 첫인상에서는 알 수 없었던 멋진 반전이 있는 괜찮은 사람이 되겠다고 기도했다.

  아무튼 인간관계에서 첫인상은 참 중요하다. 그러나 내 생긴 본 판이 이미 차갑다면, 우리는 이를 불식시킬 수 있는 노력이 필요하다. 첫인상 역시 관리하기 나름이다. 그 노력은 내가 사용했던 '미소'가 될 수도 있고 살가운 '말투'가 될 수도 있다. 낭랑하고 자신 있는 '목소리'로 먼저 인사를 건네는 것도 매우 좋은 방법이다.

  나에게 가장 좋은 방법을 찾아보자. 스스로 최고의 방법을 터득하게 되고 계속 노력하다 보면, 당신은 어느새 '볼매' 즉 '볼수록 매력 있는 사람'으로 불리게 된다. 분명 첫인상은 좋았지만 볼수록 별로인 사람보다 처음엔 몰랐는데 만나면 만날수록 매력 있고 좋은 사람이 인기가 많다.

  혹시 지금 당신이 너무 날카롭고 하늘을 찌를 듯한 날카로운 눈매를 가지고 있다고 해도 걱정하지 마라. 30대가 되니까 눈매가 저절로 내려가는 것을 체험할 수 있다. 얼굴도 커진다. 그래서일까 지금은 많이 둥글둥글 해져서 첫인상이 참 좋다는 말도 들어봤다. 노력하면 첫인상도 변한다.

46: 내 인생을 바꾸고 싶은데, 어디서부터 바꿔야 할지 모르겠을 때

 모든 문제는 나로부터 시작된다. 내 인생을 바꾸고 싶은데, 어디에서부터 바꿔야 할지 모를 때는 가장 먼저 나부터 바뀌어야 한다. 나의 무엇을 바꾸어 할지 모르겠다면 차근차근 아래 글을 읽어보자.

1) 마음이 바뀌면 생각이 바뀐다.
2) 생각이 바뀌면 태도가 바뀐다.
3) 태도가 바뀌면 언행이 바뀐다.
4) 언행이 바뀌면 습관이 바뀐다.
5) 습관이 바뀌면 인격이 바뀐다.
6) 인격이 바뀌면 인생이 바뀐다.

 너무 복잡하다는 생각이 들면 1번에 집중하자. 가장 먼저 나의 마음이 바뀌어야 한다. 어떻게 바뀌어야 좋을까? 나는 무엇보다 나 자신은 소중한 존재라는 마음이 중요하다고 생각한다. 지금 당장은 눈부시지도 빛나거나 특출(Outstanding)나지 않은 것 같아도, 나는 이미 존재하는 자체로 소중한 존재라는 믿음이다. 나는 '나'이기 때문에 아름답다는 마음, 즉 자기의 품위를 스스로 지키는 '자존'의 마음이 있을 때, 우리는 '나비'가 될 수 있고 '백조'가 될 수 있다.

 내 인생이 앞으로 어떻게 바뀌고 싶은지 아주 자세하고 면밀하게 상상하자. 상상은 자유고 상상은 무료이며 상상은 무제한이다. 매일 상상하고 꿈꾸자. 할 수 있다면 그림으로 그리고 글로 써서 유념하자. 원하는 삶을 생생하게 설명해낼 수 있을 때 상상은 현실이 된다.

 결국 인생을 바꿀 수 있는 변화는 대개 바깥이 아닌 내 안에서 시작된다. 내 마음을 먼저 살피고 '할 수 있다' 스스로에게 끊임없는 최면을 걸자. 도저히 내 인생이 바뀔 수 없다고 생각된다면, 지금까지 내가 내렸던 모든 결정과 반대로 행동해야 한다. 어떤 새로운 도전에도 과감히 '예스'를 외치고 당장 실행에 옮기자. 용기를 내자.

 "산이 내게 오지 않으면 내가 산으로 가면 된다"
                                    -영화 〈예스맨〉 中-

47: 결혼을 생각할 때

결혼은 언제 해야 한다고 정해져 있지 않다. 그것은 온전히 개인의 선택이고, 나와 평생을 함께 하겠다고 결심한 그의 선택이다. 결혼을 하지 않는다고 그 누구도 당신에게 결혼을 강요하거나 법적인 책임을 물을 수 없다.

지금 결혼을 생각하는 당신에게, 결혼 선배로서 지극히 개인적인 조언을 아래에 전해본다.

첫째, 결혼을 생각하는 상대와 사계절을 함께 보내라. 앞으로 평생을 같이 살아야 할 사람인데, 1년 365일 사계절은 지켜보는 것이 무조건 서로에게 좋다.

둘째, 그의 가족들을 만나봐라. 특별히 그의 부모님을 만나보기를 바란다. 정식으로 초대를 받아서 집에 찾아가 인사를 하면 가장 좋다. 그가 그의 가족들과 함께 있는 자리에 참석해라는 것이다. 그 이유는 그가 자라온 집안의 가풍을 살펴보기 위해서다. 무엇보다 그가 자기 가족을 대하는 태도나 말투를 살펴봐라. 결혼한 뒤에 나를 대하는 태도를 미리 알 수 있다.

마지막으로 그에게 혼자만의 시간을 주고, 그가 어떤 모습을 보여주는지 살펴봐라. 1년 정도 만나봤으니, 나는 이제 이 사람을 충분히 알았다고 생각하면 정말 큰 오산이다. 당신은 아직 진짜 그 사람을 모를 수가 있다. 사람은 혼자 있을 때 본 모습이 나온다. 본 모습을 엿보고 엿보여 주는 기회를 갖자.

결혼은 그 사람의 전부를 받아들이는 일이다. 그가 살아온 인생 전부 말이다. 내가 살아온 세계와는 전혀 다른 세계에서 지난 세월을 보낸 사람과 영(0)촌이 되는 거다. 세상에서 제일 가까운, 촌수도 따지지 않는 존재가 서로에게 되어 주는 것이다.

지금 결혼을 생각하는 소중한 사람이 있다는 사실을 축하한다. 많은 사람들의 축복받으며 행복한 결혼을 하길 바라며, 당신의 배우자이면서 동반자, 그리고 평생의 친구(베스트 프렌드)를 만난 것을 진심으로 축하한다.

48: 아르바이트로 모은 돈을
   어디에 써야 가장 좋은지 모르겠을 때

  20대가 된 당신은 10대 시절에는 누릴 수 없었던 성인으로서의 다양한 권리와 자유를 얻게 된다. 그중에서도 '내가 이제 어른이 됐구나' 확연히 느끼게 해주는 것 중 하나가 바로 '경제행위의 주체로서의 권리'일 것이다. 내 스스로 일을 구하고 돈을 벌게 되었다는 것이다. 당연히 내가 땀 흘려 번 돈은 내가 원하는 곳에 마음껏 사용할 수 있다.

  대부분의 20대들은 대학에 진학하여 학업과 함께 경제활동을 병행한다. 그래서 다양한 단기 아르바이트를 경험하기 시작한다. 나도 20대 때 정말 많은 아르바이트를 했다. 카페, 버블티 가게, 빵집, 백화점 옷 가게, 스시 뷔페, 일본 가정식 집, 과외, 영어학원, 그리고 드라이브스루 도넛 가게(새벽 4시에 출근했다)까지 두루두루 잊지 못할 경험을 했다.

그럼 그렇게 열심히 아르바이트로 번 돈은 어디에 쓰는 걸까? 집에서 일찍 독립했던 나는 부모님께 손 벌리지 않고 내 힘으로 해보겠다는 의지로 대부분을 학비와 생활비로 사용했다. 그러고는 사람들과 교재(여기엔 이성친구와의 데이트도 포함된다), 꼭 사고 싶었던 물건 구입, 꿈에 그리던 여행경비로 사용했다. 대부분의 20대들이 큰 틀에서 이와 대동소이하지 않을까 추측해 본다.

나는 20대가 되어 아르바이트를 할 수 있었기에, 평생 명품을 가져보지 못한 어머니께 핸드백을 선물할 수 있었고, 미국에 있던 아내를 만나러 가는 비행기 티켓을 살 수 있었고, 대학원에도 진학할 수 있었다. 누군가는 '그때 코인을 샀어야지, 혹은 주식 투자를 했어야지'라고 할 수 있겠지만, 나는 이미 그보다 더 소중한 이야기와 평생의 인연을 선물로 받았다.

아르바이트로 모은 돈을 어디에 쓰는 것이 가장 좋을지 모르겠다면, 나는 10년 후 아니 평생토록 잊지 못할 곳에 쓰라고 이야기해 주고 싶다.

49: 부모님으로부터 독립하고 싶을 때

아르바이트에 이어서 20대가 되면 '내가 이제 어른이 됐구나' 느끼는 가장 큰 변화는 '독립'이다. 이제 당신은 정신적, 육체적, 사회적, 그리고 법적으로도 부모로부터 독립할 수 있는 성인이 되었다. 주체적인 개인에게 독립은 필연적이고, 삶을 개척해 나가야 할 의무이기도 하며, 그 누구도 침해할 수 없는 권리이자 자유다.

독립하면 나의 자유의지를 마음껏 발현할 수 있다. 밤새 게임을 하거나 술을 마실 수도 있고, 하루 종일 잠만 잘 수도 있다. 아침 수업에 늦었다고, 혹은 밤늦게 들어온다고, 또 집이 더럽다며 혼내는 부모님은 안 계시다. 늘 깨워주고 먹여주고 청소해 주는 부모님과 함께라면 나는 계속 돈도 굳고 마음도 편하겠지만 나는 계속 그렇게 여전히 귀한 철부지 아들/딸로 머무르게 된다.

물론, 30대가 되어서도 아니 40대가 되어서도 독립을 고민하는 사람들이 있다. 모두 각자의 사정과 이야기가 있기 때문에 그들을 비판할 마음은 추호도 없다. 다만 나는, 20대 청춘들이 가능하다면 부모님으로부터 하루빨리 독립하기를 소망한다.

   하루라도 젊을 때 독립해야 사서 하는 고생도 즐겁다. 흔히 말하는 '세상과 맞짱 뜨는 나', '인생은 독고다이'라는 말을 온전히 느껴보자. 냉정한 세상에 홀로 부딪히며 눈물도 흘리고 외로움에 사무쳐보기도 하면서 나의 나약함을 확인하자. 그때에 우리는 '나는 누구인가' 스스로 깨닫게 된다.

   무엇보다 하루라도 빨리 독립해야 하루라도 젊은 부모님께 진심 어린 감사를 전할 수 있다. 평생 나의 든든한 '방파제'이자 '최후의 보루' 같이 굳게 서 계실 것 같은 부모님도 나와 같이 나이 들고 있다. 얼굴을 맞대고 살다 보면 어버이의 주름을 잘 깨닫지 못한다.

   부모님으로부터 독립하고 싶을 때는, 마음이 약해지기 전에 빨리 부동산으로 가자. 지금 당장 독립에 실패했다고 한들 부동산과 친해지고 계속 독립을 꿈꾸자.

50: 내가 다니는 대학이 마음에 안들 때

 대학 진학률이 75%를 육박하는 대한민국은 전 세계에서 가장 높은 고학력 국가이다. 하지만 대학에 진학하는 75%의 대학생 모두가 진학한 대학을 만족하는 것은 아니다. 각 대학마다 요구하는 입학조건과 학교별 정해진 선발 정원이 있기 때문이다.

 사실 그 속에는 대한민국의 일그러진 교육 시스템이 자리 잡고 있다. '대학'은 여전히 자본주의 사회에서 살아남기 위한 무한 경쟁의 신호탄으로 받아들여지고 있다. 그 저변에는 시험을 '잘' 치고 '좋은' 대학에 들어간 학생이 자본주의의 계급, 서열 사회에서 우위를 선점했다고 생각하고 대접해 주는 문화가 있는 것이다. 그러다 보니, 지금까지 우리나라의 20대들은 내가 진정으로 하고 싶은 것을 생각하고 대학에 진학하지 못했다. 점수에 맞춰서 대학에 진학하니, 강의실에 앉아서 내가 지금 뭐 하는 건가 싶다. 졸업을 하고 사회에 나가서 후회하고 방황한다.

20대 청춘, 지금 내가 진짜 배우고 싶은 것이 무엇인지, 그 공부를 지금 하고 있는지부터 다시 생각해 보자. 만약 그렇지 못하다면, 다음 선택을 준비하자.

 1. 퇴학 후 다시 대입을 준비한다.
 2. 원하는 학교로 학부 편입을 준비한다.
 3. 그것도 아니면 해외 유학을 준비한다.

 'Ai 인공지능 시대'를 살아가는 우리는 이제 대학의 역할에 대한 큰 전환점을 맞이하고 있음도 잊어서는 안되겠다. 이제 대학은 필수가 아닌 선택이다. 일렬로 줄 세운 대학 순위에서 상위권 대학에 가야 좋은 직장에 취직하고 성공한 인생을 산다는 논리가 깨어진지 오래다. 이제 대학에 안 가도 상위권 대학에 못 가도 잘 살고 성공했다고 추앙받는 세상이 됐다.

 사실, 내가 정말로 이야기하고 싶은 말은 따로 있다. 내가 다니고 있는 대학이 마음에 안 들 때는 나의 태도에 대해서도 생각해 보자는 것이다. 내가 어떤 조직이나 공동체에 한 번 소속되게 되었다면, 나는 이미 그곳의 일원이다. 내가 속한 조직과 공동체를 내가 애정하고 관심을 가질수록 그곳은 내게 소중한 곳이 갖게 된다. 내가 소중히 여기고 자부심을 가지면, 사람들은 내가 속한 조직을 다시 보게 된다. 그곳이 어디든 내가 그곳에 두 발을 단단히 디디고 성장을 도모하면, 그곳은 곧 놀라운 성장의 발판이 된다.

대학이 나를 대변하는 것이 아니라, 내가 대학을 대변하게 만들어라. 그곳이 어디든 당신은 분명 놀라운 성취를 이룰 수 있다. 그러면 나로 인해 내가 나온 대학이 유명해지는 날이 온다.

미국에서 유학할 때, 대학생들과 교직원들의 모습에서 충격 받은 멋진 문화가 있었다. 바로 모교에 대한 자부심과 애정을 마음껏 표현하는 것이다. 미국 전역 어디를 가든지 학생들 그리고 교직원들은 본인이 수학하고 있고 몸담고 있는 모교의 이름이 적힌 티셔츠, 후드티, 캡 모자, 자동차 라이선스 플레이트, 자동차 스티커 등등을 입고 쓰고 붙이고 다닌다. 거기에는 주로 모교를 칭하는 애칭(주로 스포츠팀 이름)이 적혀 있다. 이는 아이비리그 학교에만 국한된 것이 절대 아니다. 작은 단과 대학의 학생들과 교직원 그리고 동문들 역시 자기 모교를 향한 사랑과 자부심이 넘쳐난다.

이들이 이토록 자기가 진학한 대학을 사랑하는 것은 그곳이 어디가 되었든지 본인이 선택한 곳이자 본인을 성장케 하는 귀한 배움을 주는 대학으로 인식하기 때문이다. 그들이 모교를 아끼고 사랑할수록 그들 스스로 인생의 의미와 가치는 높아져만 간다는 것을 알기 때문이다. 그들은 대학을 졸업한 후에도 '홈커밍 데이'를 맞이해 캠퍼스를 다시 찾아 모교를 가꾸고 후배들을 돌보며 소속감을 나눈다. 더 나아가서는 학교 발전을 위해 다양한 기부를 앞장서기도 하며 자기 자녀와 손주들을 모교로 진학시키기는 것을 명예로운 유산(Legacy)으로 여긴다.

순위는 아무런 의미가 없다. 내가 다니는 대학이니까 최고의 대학이다. 내가 다녔기 때문에 곧 최고의 대학이 된다. 내가 나온 대학은 영원히 사랑하는 모교다. 지금 당신이 대학에 진학했다면 '나는 우리 학교에 대해 얼마나 알고 있는지' 스스로 점검해보면 좋겠다. 그리고 내가 왜 이 학교가 마음에 들지 않는지와는 반대로 나는 왜 이 학교가 마음에 드는지도 적어보자.

'용천에서 난 용보다 개천에서 난 용이
　더 아름답고 더 위대하다.'

-제6장-

'성공을 응원해'

51: 모르는 사람과 거래할 때

　모르는 사람과 거래할 때, 너무 두려워하지도 말고 너무 믿지도 마라. 여러번 점검해야겠지만 무엇보다 '쿨 거래 정신'이 가장 중요하다. 쿨하게 원하는 금액을 말하고 'Yes or No'로 답한다. 흥정이 안되면 그건 내가 주인이 될 운명이 아니었다고 받아들여라. 연연하지 말고 안녕을 고해라.

　가격을 흥정할 때 가장 기본적인 법칙이 있다. 기본적이지만 현실에선 잊어버리기 쉽다. 먼저, 물건을 파는 거라면, 받고자 하는 금액 보다 위로 불러라. 당연히 살 때는 반대로 내가 생각하는 금액보다 아래로 불러야겠다. 그 후에 상대와 중간점을 맞춰가면 된다. (물건을 팔때는 시세를 먼저 확인할 것!)

　어떤 거래든지 그 거래 한 번으로 말도 안되는 이득을 보려고 하지 말자. 부당한 이득을 취하려고 하면 반드시 독이 되어 돌아온다. 뭐든 불로소득은 후폭풍을 몰고 오는 것과 같다. 정직하게 거래하고 쿨하게 합의해서 서로 '윈-윈(win-win)'하자.

52: 결혼식과 장례식 중 어디에
   가야 할지 고민일 때

　20대가 되면 이전까지는 부모님에게 맡기고 신경 쓰지 않았던 경조사 자리에 직접 초대받는 일이 생긴다. 특별히 '결혼식'과 '장례식'이라고 불리는 두 가지 의식은 나이가 들수록 점차 참석할 일이 늘어난다. 사회생활을 시작하고 인간관계가 확장되는 만큼 더 많은 경조사 소식을 전달받게 되기 때문이다.

　사회생활, 아니 인간관계에서 이 두 가지 공식 행사를 챙기는 것은 무척 중요하다. 결혼과 장례는 우리 인생의 중대사이자 누군가에겐 전부이기도 하기 때문이다. 실제로 많은 사람들이 이 두 가지 사건을 기점으로 삶의 축이 전환된다. 그래서 결혼식과 장례식은 되도록이면 반드시 참석하는 것이 좋다. 함께 기뻐하고 함께 슬픔을 나누는 법을 배우며 우리는 어른이 된다.

　문제는 때때로 이 두 가지 행사의 일정이 겹칠 때가 발생한다는 것이다. '장례식과 결혼식 중 어디에 가야 할지 고민일 때, 장례식을 가자.' 그게 더 현명하고 지혜로운 선택이다.

위로와 슬픔이 가득한 장례식보다 축복과 기쁨이 넘치는 결혼식을 더 가고 싶을 수 있다. 결혼식 참석을 앞두고는 장례식에 가는 게 아니라는 미신도 그런 마음을 부추긴다.

그러나 사람은 기쁨에 취했을 때 정신이 없다. 특별히 결혼식 당일의 신랑신부는 혼이 빠져나간 상태나 다름없다. 나중엔 누구랑 인사했는지도 다 기억을 못 한다. 결혼식은 축의를 전하고 사진을 찍고 빨리 자리를 떠주는 게 도와주는 일이다. 방문이 어렵다면 온라인으로 축의를 전해도 된다. 기쁜 일은 두고두고 나눌수록 배가 된다. 결혼식이 끝나고 다시 만나 축하해 주면 된다.

반면, 장례식은 오래 자리를 지켜주는 것이 장례를 맞은 사람에게는 평생 잊지 못할 위로가 된다. 장례식을 치르고 있는 가족들은 깊은 슬픔에 잠겨 온 마음과 영혼이 그곳에 자리하고 있다. 장례식을 찾아주고 함께 자리를 지켜준 너의 애도를 그들은 잊지 않는다. 가서 사랑하는 이를 떠나보내고 세상에 남겨진 이의 손을 따뜻하게 잡아주고 눈물을 닦아주자.

네가 베푼 축하는 돌아오지 않을 지도 모르지만,
네가 베푼 위로는 반드시 다시 돌아온다.

53: 대학원에 가야할지 고민일 때

20대 청춘, 당신이 굳이 대학원에 가겠다면 막지 않겠다. 나도 나름 석사 나부랭이기 때문이다. 분명 대학원에서의 공부가 내게 큰 가르침을 주었다.

그러나 대학원에 가야 할지 고민인 당신에게 해주고 싶은 개인적인 조언들이 있다.

첫째, '왜 대학원에 가려고 하는지' 생각해 보자. 졸업장이 다가 아니라, 그 이후의 진로에 대한 명확한 목표와 청사진이 필요하다. 그렇지 않으면 길고 지난한 대학원 생활을 버티지 못하고 중도 포기하는 불상사가 충분히 일어날 수 있다.

둘째, '내가 연구하고 싶은 논문의 주제가 무엇인지' 생각해 보자. 대학원은 내가 연구하고자 하는 주제와 이에 따른 졸업논문이 전부라고 해도 과언이 아니다. 연구

주제가 정해져야 지도 교수님을 선택할 수 있고 어느 학교로 지원할 것인지 알 수 있다. 조금 과장해서 지도 교수님은 너의 길이요 진리요 생명이 된다.

셋째, 짧게는 2년 길게는 10년까지도 함께 '집중 수학' 해야 하는 '학교를 미리 방문해서 면학 분위기도 살피고 지도 교수님과 선배들을 만나보자'. 대학원에 가야 할지 고민될 때도 적용되는 것이 '백문이 불여일견'이다. 온라인상의 자료 혹은 사람들의 입으로 전달받은 소문은 결국 '카더라'에 지나지 않다. 내 인생의 중대한 결정들은 철저하고 냉정한 심사숙고를 꼭 거쳐야만 한다. 가서 직접 보고 느끼고 경험한 후에 결정하자.

마지막으로 김민섭 작가의 '나는 지방대 시간강사다'라는 책을 한 번 읽어보길 추천한다. "아파도 되는 청춘은 없으니까 모두 아프지 않기를.." 바라는 그의 살아있는 이야기가 분명 도움이 될 거다.

20대 청춘, 대학원에 가야할지 고민될 때, 네가 어떤 선택을 하던지 후회하지 않기를 바란다. 앞으로 주어진 길을 묵묵히 잘 헤쳐나갈 수 있기를 진심으로 응원한다.

54: 돈을 어떻게 모아야할 지 모르겠을 때

가장 먼저, 돈을 어떻게 모아야 할지 모르겠다고 고민하는 당신에게 박수를 보낸다. 초등학생도 장래희망이 '건물주'인 세상에 모두들 '부자가 되고 싶다'라고 이야기하지만, 돈을 모아야겠다고 진지하게 고민하는 20대는 이미 반절의 성공을 거뒀다.

많은 사람들의 숙원이 부자가 되는 것이다. 돈에서 자유롭기 위해 부자를 꿈꾼다. 20주년 특별판으로 다시 베스트셀러에 오른 '부자아빠 가난한 아빠', 2020년부터 지금까지 3년 연속 최장기 베스트셀러에 오른 '돈의 속성'을 일례로 경제 및 재테크 관련 책은 항상 인기가 좋다. 사람들은 돈을 공부하고 연구하고 신봉하기 때문이다.

20대 성인이 되면 우리는 모두 각자의 방법으로 돈을 벌기 시작한다. 그러나 부자가 되고 가난한 자가 되는 차이는 돈을 어떻게 사용하는지에 있다. '돈을 어떻게 모을 것인가'는 다시 말하면 '돈을 어떻게 사용해야 하는지'

를 모른다는 것과 같다. '재테크 지식'을 익히기 위해선 가까운 서점이나 경제 유튜버를 찾으면 된다. 하지만 진짜 부자를 꿈꾼다면, 성서에 나오는 '달란트 비유'를 묵상해보자.

옛날에 어떤 부자가 여행을 떠나면서 자기가 데리고 있던 세 명의 종을 불러 각각 일정 달란트 즉 돈을 맡기고는 나중에 돌아와 결산하겠다고 했다. 1번 종에겐 다섯 달란트, 2번 종에겐 두 달란트, 그리고 마지막 3번 종에겐 한 달란트를 맡겼다.

여행을 마치고 돌아온 부자가 종들을 불렀다. 1번 종은 주어진 다섯 달란트로 장사를 하여 총 열 달란트를 내어 놓았다. 2번 종도 5번 종을 따라 두 달란트를 불려 총 네 달란트를 만들었다. 부자 주인은 이 둘의 보고를 받고 매우 기뻐하며 크게 칭찬하였고 더 많은 돈을 맡기겠다고 했다. 그런데 마지막 3번 종은 달랐다. 그는 자기에게 맡겨진 달란트를 그대로 땅에 묻어두었다가 다시 주인에게 가지고 왔다. 한 달란트를 돌려주며 3번 종이 말했다.

"주인님은 심지 않고 거두기만 하는 무서운 사람이어

서, 맡겨주신 한 달란트를 잃게 되면 주인님께 혼이 나고 한 달란트를 물어내야 할 것 같아. 제가 받은 한 달란트를 그대로 보존해서 가져왔습니다."

부자 주인은 3번 종의 말을 듣고 크게 분노하고 책망했다. "악하고 게으른 종아, 나는 심지 않은 데서 거두고 뿌리지도 않은 데서 모아서 부자가 된 줄로 아느냐? 있는 자는 그 있는 것으로 열심히 노력해서 풍족하게 되고, 없는 자는 없는 것에 한탄하고 게으름에 빠져 조금 있는 것까지 빼앗기게 되는 것이 인생이다. 네 한 달란트를 빼앗어 10달란트 있는 1번 종에게 주겠다."

대부분의 사람들은 이 이야기를 듣고 돈은 묻지 말고 가지고 나가 굴려야 한다고 생각한다. 그러나 좀 더 깊이 생각해보면, 인류 역사상 최고의 천재인 아인슈타인이 말한 세계 8대 불가사의이자 최고의 발명품이 이 이야기에 담겼다는 것을 깨달을 수 있다. 그것은 바로 '복리의 법칙'이다.

'돈을 어떻게 모아야 할지 모르겠을 때'는 이 이야기에 나온 3번 종을 생각하며 자신을 점검하자.

우리에게 주어진 달란트는 모두 다 다르다. 그렇다면 달란트를 다르게 준 주인이 불공평한 악인일까? 아니면 남의 달란트와 비교하며 신세한탄에 빠져 제자리를 맴도는 내가 악인일까? 1번 종과 같이 내게도 배우고 따를 수 있는 친구가 있나? 나는 한 달란트라도 남기려는 노력을 하고 있나?

모두가 열 달란트를 받을 수 없고, 벌지 못할 수도 있다. 그러나 주어진 달란트로 열심히 '장사'했다면 우리는 분명 달란트를 준 주인에게 칭찬받을 것이다. '돈을 어떻게 모아야 할지 모르겠을 때'는 내게 주어진 '나'라는 달란트를 먼저 살피고 부단히 '장사'하는 것이 가장 현명하게 돈을 모으는 방법이다.

> 게으른 자여 개미에게 가서 그가 하는 것을 보고 지혜를 얻으라
> 개미는 두령도 없고 감독자도 없고 통치자도 없으되
> 먹을 것을 여름 동안에 예비하며 추수 때에 양식을 모으느니라
> 게으른 자여 네가 어느 때까지 누워 있겠느냐
> 네가 어느 때에 잠이 깨어 일어나겠느냐
> 좀 더 자자, 좀 더 졸자, 손을 모으고 좀 더 누워 있자 하면
> 네 빈궁이 강도같이 오며 네 곤핍이 군사같이 이르리라
> －잠언 6장－

55: 인생 첫 차를 사고 싶을 때

　대한민국은 굳이 차가 없어도 사는데 큰 지장이 없는 참 살기 좋은 나라다. 그래도 차가 있으면 빨리 갈 수 있고 편안하게 멀리 갈 수 있다. 더 나아가 혹자는 차를 사는 것이 나만의 공간, 움직이는 부동산을 구입하는 것과 같다고 했다. 차에 사는 사람도 있으니, 일리가 있다.

　20대 때 나는 미국 텍사스의 광활한 월마트 주차장을 바라보며 '저렇게 많은 차가 있는데, 내 차는 어디에 있는 걸까' 한탄한 적이 있다. 물론 미국에서 차는 '신발'이라고 표현할 정도로 없어서는 안 될 이동 수단이다. 나도 결국 유학온지 1년 후 내 인생 첫 차를 구입했다.

　여름방학에 당장 기숙사에서 쫓겨나게 생겨서 차를 샀다. 자동차 창문을 수동으로 돌려서 여는 고물차였다. 조수석 문이 안에서 열리지 않고 주유를 할 때는 정확한 방향으로 연료 노즐을 넣어야만 주유가 가능한 차였다. 뒷

자리에 탄 친구가 "이런 차 처음 타보는데, 무서우니까 제발 살살 가줘"라고 부탁하는 차였다. 내가 살아오면서 몰았던 차들을 한번 쭈욱 이야기해도 재미있을 것 같지만 각설한다. 아무튼 내 인생 첫 차는 어딜 가던지 내 차가 여기 주차장에 세워진 모든 차량 중 가장 저가의 차라고 자신 있게 말할 수 있었다.

가장 먼저 인생 첫 차를 사고 싶은 당신에게 묻는다. 내 차를 사는 게 20대가 된 당신이 가진 최고의 우선순위인가? 아니면 오랜 소원이었나? 그렇다면, 나는 당신의 인생 첫 차 구입을 쌍수 들어 환영하며 축하하겠다. 그 후엔 세상엔 정말 다양한 차가 있으니, 자신을 위한 최고의 차를 지혜롭게 구매하라고 이야기해 주겠다.

그러나, 만약 당신이 주변에 차를 구입한 다른 20대 누군가를 보고 부러워서 인생 첫 차 구입을 고민하고 있다면, 아래 세 가지를 생각해 보라 하겠다.

1. 지금 차를 구입하면 일주일에 몇 번 사용할까?

생각보다 차를 주차장에 모셔두는 사람이 많다. 차는 구입하는 순간 감가상각이 발생한다. 자산이 늘어나는 재테크가 아니라 매일 가치가 떨어지는 소비라는 것이다. 차를 샀는데, 일주일에 몇 번 타지 않을 것 같다면 생각을 바꿔보자. 공유경제 시대에 살고 있는 우리다. 자동차도 클릭 몇 번으로 렌트할 수 있는 당신의 능력을 과소평가하지 말자.

2. 지금 내가 구입하려는 차를 선택한 이유는?

종류도 메이커도 가격대도 넘치는 게 차다. 어떤 차를 사고 싶은지 그 이유도 깊이 고민해보자. 내 라이프 스타일은 어떤지, 또 유지비는 얼마인지, 지금 내게 가장 적합한 차를 꼼꼼히 따져봐야 한다. 우스갯 소리로 경차를 사러 갔다가 고급 세단을 뽑고 온 이야기는 너무나 유명하다.

3. 차 살 돈으로 재테크해서 돈 벌 수 있지 않을까?

"집을 못 사니까 차를 사는 거예요", "명품 여러 개 안 사고 아껴서 차 사는 거예요"라는 말도 일리가 있다. 그러나 생각하는 것보다 차를 구입하는 것은 큰 목돈이 들어간다. 살면서 몇 번 안될 가장 큰 소비일 수도 있다. 영 앤리치(Young and Rich)를 외치는 래퍼들의 스포츠카를 플렉스(Flex) 했다는 노랫말은 듣기에 멋지다. 그러나 플렉스 외치다 나락 간 래퍼가 한둘이 아닌 것을 우리는 볼 수 있다. 래퍼에만 국한된 얘기일까?

MZ 세대의 가치소비가 떠오르고 있다고 하지만, 우리 주변엔 여전히 욜로(You Only Live Once)족과 카 푸어(Car Poor) 현상이 뜨겁다. 앞에서 말한 '복리의 법칙'에서 중요했던 것은 내가 가진 달란트다. 부자가 되는 복리의 비결은 시드머니, 즉 종잣돈에 있음을 기억하자.

마지막으로 스포츠카든 경운기든 인생 첫 차를 구입한다는 것은 그에 따른 막중한 책임감이 생긴다는 것을 알아야 한다. 이는 운전대를 잡는 사람 모두에게 주어지는 책임감이다. 때로는 너무나 무책임하게 간과되는 기본 중의 기본이자 인간의 도리이다. 그건 바로 도로 위 수많은 사람들, 특별히 노약자와 어린이들의 생명이 내 운전대에 달렸다는 사실이다. 운전 중 한눈을 팔거나 핸드폰을 하는 것은 반드시 지양해야 한다. 특별히 음주 운전은 살인행위다.

'명심하자. 이제 나도 한문철 TV에 나오는 교통사고 당사자가 될 수 있다. 그런 일이 없기를 간절히 바란다.'

56: 변해버린 내 모습에 당황스러울 때

'걱정 마, 사람은 다 변해.'

20대에 나는 사람은 쉽게 변하지 않는다고 생각했다. 사람이 변할 수 있다고 믿는 사람들에겐 회의적인 비판을 했다. 잔혹한 범죄를 몇 번이나 저지르고도 양심의 가책은커녕 반성의 기미도 없는 존재들에게 교화가 아닌 즉각적이고 단호한 처벌이 이루어져야 한다고 생각했다. 오히려 사회의 약자이고 지혜가 있다는 노인들을 경계하기도 했다. 그들의 외모는 연약한 노인이지만, 젊은 시절에 어떤 일을 했고 어떻게 살아왔는지 모른다고 생각했기 때문이다.

30대가 된 나는 이제 말한다. 사람은 당연히 변한다고, 시시각각 변할 수 있는 것이 사람이라고 말이다. 내재되어 있던 자기 자신의 깊은 본성에 의해서 혹은 환경의 변화에 따른 필요에 의해서 인지는 모르겠다. 일단 흘러가는 세월을 따라 우리의 생김새가 변하는 것은 확실하다.

30대가 되니까 누가 먼저라고 할 것 없이 리즈시절을 떠나보낸다. 얼굴은 커지고 배가 나오며 멀쩡했던 이가 시리다. 개인마다 조금씩의 차이가 있을지언정 아저씨, 아줌마가 되는 것은 피할 수 없고 숨길 수 없는 순리이자 자연의 이치다.

외모뿐만 아니라 마음도 분명히 변한다. 세월이 가면서 인간은 새롭고 다양한 경험을 하기 때문이다. 선입견은 부서지고 편견의 잣대는 이동한다. 가장 부도덕하고 희망이라고는 전혀 찾아볼 수도 없다고 생각한 곳에서 시대를 변화시키는 성인이 나타난다. 반면, 가장 도덕적이고 희망과 기회가 가득한 곳이라고 생각한 곳에서 천인공노할 희대의 범죄자가 등장한다.

'변해버린 내 모습에 당황스러울 때'
인생의 연륜이 쌓여가고 있음을 깨닫고 기뻐하자.

당황할 필요가 없다. 세상에 변하지 않는 것은 없으니까 말이다. 다시 말해, 세상에 영원한 것은 없다는 것을 깨닫자. 내가 변했다는 것이 너무 혼란스럽다면, 내게 찾아온 변화가 내게 가져올 새로운 기회들을 생각해 보는 시간을 갖자. 인생의 또 다른 새로운 챕터가 시작된 것이다.

한 때 '어떻게 사랑이 변하니?'라는 카피의 CF가 유행했다. 그 질문에 대한 답은 간단하다. '사랑했던 사람의 마음이 변했으니까, 사랑도 변하는 거야.' 사람이 변할 때는 그 사람 마음 저변에 깔린 믿음이 달라졌을 경우가 큰데, 사람은 누구든 개과천선할 수도 있고 요즘 말로는 얼마든 '흑화'될 수도 있다는 것이다.

변해버린 내 모습에 당황스러울 때, 앞으로 어떻게 하면 멋지게 변할 수 있을지 고민하고 부단히 실천하면 된다. 사람은 마음먹는 대로 분명 달라질 수 있다.

57: 꿈이 없어서 걱정일 때

꿈이 없어서 걱정일 때, 내가 어떤 마음가짐으로 오늘을 살아가고 있는지 생각해 봐라. 오늘의 내 모습은 사실 어제의 내가 바란 실제다. 그런 점에서 꿈이 없는 사람도 나름 꿈을 꾸며 살고 있는 셈이다. 꿈은 어떤 형태로든 실현된다.

꿈이 없다고 말하지만 사실 우리는 각자의 마음속에 되고 싶은 나의 모습과 이루고 싶은 것, 하고 싶은 것들이 분명 있다.

그저 명확하고 당당하게 내 꿈을 서술하지 못하는 것뿐이다. 꿈꾸는 사람은 자기도 모르는 사이에 조금씩 변하기 마련이다. 우리는 모두 미미하게나마 자신이 꿈꾸는 방향으로 늙어간다. 의식하지 못해도 무의식 전체로 꿈을 꾸고 최선을 다해 오늘을 살아가면, 자연스럽게 내가 꿈꾸던 삶으로 조금씩 다가가게 된다.

꿈이 없더라도 1년 뒤, 3년 뒤, 그리고 10년 뒤에 내가 어떤 모습이었으면 좋을지 계속 고민하고 자주 글로 써보는 일을 하자. 1년도 멀게만 느껴지면 그 기간을 더 좁혀보자. 이번 달에 이루고자 하는 것들을 큰 종이에 써서 방문에 붙여보자. 직접 써서 내 방문에 붙이는 그 과정에서 불안한 마음은 위로를 얻고 불안했던 내 꿈은 오늘을 힘차게 살아갈 확신을 얻는다.

한 달, 두 달, 꾸준히 적고 붙이자. 그리고 매일 확인하고 달성하도록 최선을 다하자. 그렇게 반년, 어느새 1년이 지나가면 1년 전의 나보다 내 꿈에 다가선 나를 발견한다. 꿈이 없더라도 분명 꿈에 다가섰다.

시간이 지나면 그때에 적어두었던 글들이 꿈을 이룬 나의 부단한 노력의 증거이자 소중한 보물이 된다. 가보가 될지도 모르는 일이다.

58: 명품이 사고 싶을 때

우리는 진정 '명품의 시대'에 살고 있다. 시대가 명품이란 것이 아니라, 명품으로 가득한 시대라는 것이다. 오늘 밤에도 명품이라고 불리는 물건들이 세계 곳곳에서 또 새롭게 만들어지고 있다. 특별히 우리는 이런 명품이라고 불리는 럭셔리 사치품들을 만드는 브랜드들이 우선순위 마케팅 타깃으로 20대를 노리고 있는 세상을 살고 있다.

명품이 사고 싶을 때, 내가 지금 사고 싶은 그 명품을 나는 어떻게 알게 됐는지 생각해 보자. 그 명품이 필요한 이유가 '없어서는 안 될 대체품'이었는지 아니면 '과시하고 싶음'인지 대충 알게 된다. 나의 소비 그리고 투자 가치관을 확인해 볼 수 있는 기회다.

내가 사려는 명품이 정말 '명품'인가도 생각해 보자. 아이러니하게도 우리는 명품이 명품이 아닌 세대를 산다.

사람들은 '세계적으로 오랜 기간에 걸쳐 뛰어나거나 이름난 물건 또는 작품'이어도 남들이 다 가지고 있는 물건은 더 이상 명품이 아니라고 말한다. 그들이 진정 원하는 것이 명품이 아닌 과시품이기 때문이다. 오픈런 조직이 판치는 대한민국은 명품 공화국이 아닌 리미티드 과시 공화국이다.

명품(名品)은 영어로 'Master Piece', 직역하면 '마스터의 작품' 즉 '걸작'이라는 뜻이다.

성서에선 우리 인간이 신이 지은 '마스터피스'라고 이야기한다. '명품'은 사실 어떤 물건이 아닌 사람 그 자체란 뜻이다.

이번엔 내가 진짜 명품인지 생각해 보자. 내가 입고 있는 것, 차고 있는 것, 신고 있는 것, 들고 있는 것. 다 제외하고 '나'라는 사람은 누군인가. 지금 나를 한마디로 정의한다면 무엇이라고 할 수 있겠는가? 나는 명품인가?

명품을 사지 말고 명품이 되자. 명품인 내가 쓰면 그 물건이 명품이 된다. 나를 명품으로 만드는 일에 더 집중하고 힘쓰자. 소비하지 말고 투자하자는 말이다.

명품이 사고 싶을 때는 자신의 가치관과 소신을 정립할 수 있는 기회다. '누가 사서, 누가 유행이라고 해서, 누가 알아봐 줘서' 누가 말고 내가에 초점을 맞추자. 내가 정말 그 물건이 꼭 필요하고 내가 얼마든지 살 여유가 있으면 누가 뭐라고 할까.

불필요하고 허세로 가득한 모든 것들을 차치하고 본질에 집중하자는 것이다. 명품보다는 인품과 성품을 가꾸는 것이 본질이다. 그래야 나를 과시하는 물건을 사는 일에 중독되지 않는다. 본연의 내 모습을 잊어버리지 않을 때, 거짓 화려함에 속지 않는다.

'광이불요(光而不耀) : 빛나되 번쩍거리지 않는다'

명품으로 치장하는 값싼 화려함이 아닌 평범함 속에 감춰진 진정성 있는 삶을 살아내는 것이 먼저다. '평범함에 감사하고 누릴 줄 아는 사람이 진정 빛나는 명품이다.

59: 무능력하고 무기력할 때

지금 당장 집 밖으로 나가라.
무조건 나가서 걷고 또 걸어라.
하늘과 땅, 주변을 찬찬히 둘러봐라.

누구나 인생을 살다가 무능력하고 무기력할 때가 찾아온다. 그러나 그 순간을 어떻게 받아들이고 얼마나 빨리 떨쳐버리는지에 따라 인생이 달라질 수 있다. 20대의 때에는 더욱 그렇다.

집에만 있으면 아무 일도 할 수 없다. 아무 것도 새롭고 가슴 떨리는 일이 벌어지지 않는다. 내일 아침 조금 일찍 일어나서 집 밖으로 나가자. 생각보다 정말 많은 사람들이 이미 새벽을 깨우고 있는 것을 볼 수 있다. 첫 차를 타고 일터로 향하기 위해 분주하게 향하는 사람들, 밤새 더러워진 길을 정리하는 환경미화원분들, 출근 전 건강을 위해 조깅, 운동하는 사람들을 찬찬히 지켜봐라.

무능력하고 무기력할 때, 지금 당신을 그렇게 만들고 있는 문제의 근원을 다 내려놓고 내가 모르는 다른 세상을 살펴보는 시간이 필요하다. 세상은 넓고 재미있는 일은 너무 많다. 문제는 집 밖으로 나가는 용기다.

집 밖으로 나가 걷다 보면 땀이 흐른다. 내 안에 쌓여버린 노폐물들이 밖으로 분출된다. 그것들을 깨끗이 씻어낼 때 우리는 새로운 힘을 얻는다.

집 밖에 나왔는데, 어디로 가야 할지 모르겠다면 동네 서점을 찾아보자. 우리가 태어나기 전에도 나와 같은 고민을 하던 훌륭한 사람들이 해법을 책으로 기록해놨다. 읽어라.

종이와 펜을 들어라. 내 이름을 적고, 내 가족, 친구들 이름을 적고, 졸업한 학교를 적어보자. 다음엔 남들이 말하는 내 장점과 성격을 적고 내가 이룬 아주 사소한 성취들을 기억나는 대로 적어라. 분명 새로운 힘을 얻을 수 있다.

'당신은 당신 생각보다 능력 있고 힘 있는 사람이다.'

60: 서른 즈음 삶을 돌아볼 때

 서른 즈음이 되면서, 긍정적이고 배울 점이 있으며 자기 삶을 소중히 하는 존경할 만한 사람들로 주변을 열심히 채우고 있는 나를 발견한다.

 아니, 일부러 채우기보다 서로의 이야기를 공감하는 이들은 남고 나의 진심을 오해하거나 부담스러워하거나 시기, 질투하는 이들은 자연스럽게 정리되고 떠났다고 하는 것이 맞겠다.

 나 역시 어설픈 페르소나를 집어던지고 타인에게 좀 더 솔직한 내가 되고 있음을 깨닫는다. 더 이상 타인의 기분과 생각에 맞춰 연기하지 않는 나를 발견한다. 나는 이제 오롯이 나의 길에 집중할 뿐이다.

 서른 즈음이 되면서, 나는 내가 노력했던 것보다 더 많은 것을 받았고 누리고 있지는 않은가 생각한다. 매일 감사할 것이 넘친다.

 아니, 다시 생각해 보면 나도 꽤 나름대로 열심히 살았고 치열하게 살기위해 노력했던 것 같다. 만약에 내가 살아낸 20대를 다시 살아보라고 해도 내가 얼마나 더 나를 채찍질할 수 있을지 모르겠다. 오히려 지금보다 더 못한 삶을 살지는 않을지 미지수이다.

 그래서 첫 번째 이야기에서부터 지금 육십 번째 이야기까지 나는 계속 같은 말을 하고 있다. 지난 20대를 후회하지 않는 다는 것이다. 그것이 나의 최선이었고, 그 선택들이 있어서 지금의 내가 있다. 그렇다면 지금의 내가 내 인생 최고의 모습이자 최고의 순간이다. 나는 지난 시간을 이겨냈고 살아냈다. 그리고 여전히 살아 숨 쉬고 있다.

 이제 나는 이전과는 다른 눈으로 또 마음가짐으로 30대를 살아가려고 한다. 20대가 나를 채우고 채우는 시간이었다면, 30대엔 내게 필요 없는 것들을 비워내고 내게 중요한 것들에 더욱 집중하고자 한다. 내가 진정 바라는 나의 인생을 살아가려고 한다.

정리와 비움은 새로운 채움을 이루고, 새로운 채움엔 진심이 담긴다. 지금 내 곁에서 내게 영감과 교훈을 주는 나의 소중한 사람들과 인연들에게 감사를 전하고 싶다.

오늘, 나의 소중한 사람들과 내 부족한 책을 읽어주신 모든 독자 분들이 나와 내 책으로 인해 행복하길 바라본다.

60+1: 영화(榮化)

20대를 살아가는 당신은 주인공이 맞다.
당신은 뭐든지 할 수 있고
당신은 뭐든지 이뤄낼 수 있다.

다만,
당신의 영화는 어떤 장르인지도 당신에게 달렸다.

멜로, 로맨스, 코미디, 액션, 느와르, 판타지,
그리고 SF, 미스터리, 범죄, 공포까지..

당신의 영화는 원테이크 무비다.
NG없이 24시간 365일 라이브로 방영된다.

영화의 내러티브(Narrative) 3막(Act)에 비유하면
당신의 영화는 지금 1막을 꾸려내고 있다.

이제 막 자기 자기소개를 마치고
사전 전제들을 설정하고 있는 것이다.

20대를 살아가는 당신이 내린 결정들이
모이고 모여서 영화는 계속 이어진다.

당신이 내린 결정들을 후회하지 말자.
충분히 고민했고 여러 번 심사숙고했을 테니까.

결정을 내린 후에는 그저 최선을 다할 뿐이다.
한 번 내린 결정은 뒤돌아보지 말자.

내가 내린 결정을 다시 곱씹는 일을 계속하면
추진력을 잃고 스스로 지치게 된다.

20대 청춘, 네가 내린 결정이 옳다.
멋들어진 해피엔딩을 향해 달려가자.

꿈을 향해 달리는 너, 청춘
네 영화가 절찬리에 상영되길 기대한다.

에필로그

/

꿈을 향해 달리는 너, 청춘

  학교를 떠날 때, 남겨진 학생들이 마음에 걸렸다. 이제 막 스무 살을 앞둔 그들의 졸업과 새로운 출발을 곁에서 함께 축하해 주고 싶었지만 그렇지 못했다. 나와 아내는 학교를 떠나 새로운 출발을 시작해야 했기 때문이다.

  새로운 곳에서 새로운 삶을 꾸리고 정착하고 보니, 30대가 된 우리의 모습을 발견했다. 학교에서는 느낄 수 없었던 성취와 기쁨이 있었지만 학생들과 함께 웃고 울던 시간들은 여전히 그리웠다.

  질풍노도의 사춘기를 지나는 학생들은 때론 감당이 안 되지만, 매번 더 큰 기쁨과 힘을 얻는 것은 우리였다. 나의 소중한 제자들이 멋진 20대, 그리고 행복한 어른으로 성장하기를 바라는 마음은 학교를 떠나서도 여전했다.

학교를 떠난 지 2년째 되던 해에 나는 우연치 않은 기회로 최인아 책방의 '북메이킹(독립서적) 프로젝트'에 참여하게 됐다. 글 쓰는 일이 직업이었지만, 온전한 나의 이야기를 쓰는 것에 대한 목마름이 있었다.

 첫 번째 모임에서 '어떤 주제를 가지고 책을 쓸 것인가'에 대한 질문을 받았다. 나는 이내 내가 가르친 학생들을 떠올렸다. 이제는 매일같이 학생들을 만나 상담하지는 못하지만, 20대가 된 제자들에게 내가 전하고 싶은 잔소리들을 차곡차곡 적어서 선물하고 싶었다.

 원고를 써 내려가면서 깨달았다. 이 글은 20대 청춘에게 들려주고 싶은 이야기만이 아니라는 것을 말이다. 나는 이 책을 쓰기 위해 지나가버린 내 20대를 차분히 돌아보는 시간을 가졌다. 그리고 그 과정에서 나는 내 마음을 다잡는 시간을 가질 수 있었다. 20대가 처음이었던 것처럼, 30대가 처음이었다. 20대가 휙 하고 지나가버린 것처럼, 30대가 쏜살같이 지나가고 있었다.

 '그래, 그렇게 생각했잖아', '할 수 있어', '잘하고 있어'

20대에게 전하고 싶은 이야기를 쓰면서 오히려 30대의 내가 위로받았다. 그래서 어쩌면 이 책은 30대가 된 나의 다짐이자 스스로를 채찍질하는 응원의 글이다.

10대에 나는 미성숙하고 약간은 미쳐 있었다. 20대에는 내가 세상의 중심이고 주인공이라 생각했었다. 뭐든 할 수 있고 이룰 수 있다고 느꼈다. 자신감이 넘쳐서 평생 찍을 셀카를 이때 다 찍었다. 30대가 된 나는 '인생은 실전이고 현실은 냉정하다'는 사실을 배우고 있다. 영화 '프리 가이'의 라이언 레이놀즈(가이 역)처럼 내가 주인공이 아니라, 한 명의 NPC(배경 캐릭터)일 수 있겠다고 깨닫는다.

그러나 우리는 결코 히어로가 되는 노력을 멈춰 서는 안 된다. 반복된 일상을 깨우면 분명 게임의 판을 바꿀 수 있다. 나는 내 삶의 주인공이 분명하다.

마지막으로, 이 책을 쓰면서 나는 우리 모두에겐 각자의 때가 있다는 것을 다시 느꼈음을 고백한다. 이 책을 쓰기 위해 그리고 개정하기 위해 매일 퇴근 후 책상 앞에 앉았다. 정말 쉽지 않은 일이었다. 그리 길지 않은 190여 페이지이지만, 생각보다 더 많은 시간을 책상에서 보내야 했다. 목과 허리가 아프고 눈은 시리다. 덥고 춥다가 잠이 쏟아진다. 이런 과정이 반복될수록 세상에 위대한 글을 남긴 작가들을 향한 내 존경심은 점점 깊어만 간다. 염치없지만 그들과 함께 '작가'로 불릴 수 있다는 생각에 가슴이 웅장해진다.

이 책은 수없는 찬물 세수와 뜨거운 커피, 그리고 꼬집힘 당한 내 허벅지가 있어서 짜낼 수 있었던 글이다. 검수를 할 때마다 여전히 마음에 들지 않고 어설프기만 해서 '그냥 책을 내지 말까' 고민도 많이 했다.

'어설퍼도 이게 내 이야기인걸', '이게 내 최선이고 내가 만든 책인걸' 그저 계속 쓰고 고쳤다. 누군가는 이런 내 책도 재미있게 읽어주시지 않을까. 분명 그런 따뜻하고 훌륭한 인격의 독자가 있을 거야 하는 믿음으로 책 만들기를 계속 이어나갈 수 있었다. 그리고 무엇보다, 끊임없이 나를 응원해 준 사랑하는 아내의 관심과 배려, 그리고 응원이 있어서 가능했다.

바라기는 이 책을 읽게 된 당신이 단 한 줄이라도 마음에 위로와 도움을 받는 구절이 있기를 소망한다. 나는 독서를 통해 실제로는 한 번도 만나보지 못한 작가들을 만나 교감하고 귀한 교훈을 배우는 소중한 경험을 했다. 그래서 나도 어딘가에서 이 책을 만나고 읽게 될 사람들과 교감하고 싶었다.

이번 개정판이 세상에 나오면 다 소진될 수 있을지, 내가 또 다음 개정판을 위해 원고를 교정하게 될지는 알 수 없다. 그냥 여기에 이런 책도 있다는 것과 누군가에게는 내 이야기가 도움이 되지 않을까 하는 욕심에 열심히 밤을 새우며 개정을 완료했다.

원고를 수정하고 디자인을 변경하고 국립중앙도서관에 책을 등록하고 오랜만에 인쇄소를 찾았다. 나는 이제 이 책을 가지고 처음 내 책을 받아주었던 고마운 서점들에 안녕을 전하려고 한다.

무슨 일이든지, 할 수 있다고 생각하는 사람이 해내는 법이라고 했다. 나는 이제 30대에게 전하고 싶은 이야기를 쓰려고 한다. 그렇게 40대에도 50대에도 계속 내 삶을 책으로 내고 책을 사랑하는 사람들과 소통하며 살고 싶다.

내게 수많은 영감과 교훈을 준 위대한 작가들에게 존경을 표하며, 지난 '20대 청춘, 너에게 전하고 싶은 60가지 이야기' 초판과 2쇄를 구입해 주신 모든 분들께 진심어린 감사와 사랑을 전한다.

'꿈을 향해 달리는 순간,
　　　　그것은 더 이상 꿈이 아니다.'

-피터팬-

Soli Deo Gloria!
God Bless Yall!

20대 청춘, 너에게 전하고 싶은 60가지 이야기

초판 발행: 2020년 9월
개정판 발행: 2022년 6월
지은이 강대용
브랜드 팬보이스튜디오 ⓒpanboy_studio
펴낸곳 하이모션 / 딜라이트서재

기획 및 편집 강대용
디자인 및 아트 디렉팅 강대용
영업마케팅 강대용
디자인 감수 장한나

등록 2022년 6월 3일 제2-01호
이메일 delight_bookshelf@naver.com
인스타그램 @delight_bookshelf
ISBN 979-11-978974-0-5 03000

※ 이 책의 판권은 지은이와 하이모션에 있습니다.
  이 책 내용의 전부 또는 일부를 재사용하려면 반드시 양측의
  서면동의를 받아야 합니다.